LANGSONG YISHU TANXI

朗诵艺术探析

杨云宏 ◎著

中国书籍出版社
China Book Press

图书在版编目（CIP）数据

朗诵艺术探析 / 杨云宏著. -- 北京：中国书籍出版社, 2024.4
ISBN 978-7-5068-9860-7

Ⅰ.①朗… Ⅱ.①杨… Ⅲ.①朗诵－语言艺术 Ⅳ.①H019

中国国家版本馆CIP数据核字(2024)第092702号

朗诵艺术探析

杨云宏　著

图书策划	尹　浩　李若冰
责任编辑	尹　浩
责任印制	孙马飞　马　芝
出版发行	中国书籍出版社
地　　址	北京市丰台区三路居路 97 号（邮编：100073）
电　　话	（010）52257143（总编室）（010）52257140（发行部）
电子邮箱	eo@chinabp.com.cn
经　　销	全国新华书店
印　　刷	廊坊市博林印务有限公司
开　　本	710 毫米 ×1000 毫米　1/16
字　　数	287 千字
印　　张	8.75
版　　次	2024 年 8 月第 1 版
印　　次	2024 年 8 月第 1 次印刷
书　　号	ISBN 978-7-5068-9860-7
定　　价	50.00 元

版权所有　翻印必究

前　言

很多人爱好朗诵艺术。

朗诵是春花，芳香四溢；朗诵是夏叶，苍翠欲滴；朗诵是秋月，明亮璀璨；朗诵是冬雪，晶莹纯洁。它散发着青春的气息，贮藏着美的韵味！

我也是一名朗诵爱好者。童年时期，我经常收听广播里的外国电影录音剪辑。乔榛、童自荣、刘广宁、丁建华等老师的声音让我沉醉、入迷。那时候，我时常想，长大后，我要是能成为一名配音演员，那该多好啊！现在，这个梦想没有实现，但我并不后悔！

高中求学阶段，我开始热衷于学习普通话。我们的地理老师，普通话很标准，每次上他的课，我都聚精会神、全神贯注，既收获了知识，又学好了自己认为还不错的普通话。直到今天，地理老师的声音依然回响在我的耳畔。

进入大学，我大力磨砺自己的普通话，收获颇丰。不久，中文系学生会主席和班长提议让我参加学校组织的朗诵比赛，我没有推辞。在第一次比赛中，我就获得了不菲的成绩。后来，学校的朗诵比赛，我经常参加，并且，每次都获奖。我非常感谢中文系学生会主席和班长以及经常鼓励、帮助我的老师们、同学们！

参加教师工作以来，我没有放弃我的爱好。有时，除了参加一些和朗诵、演讲有关的活动以外，我经常思考、探究和朗诵有关的知识。多年来，我积累了一些经验和拙见，现在，集结成书和大家共勉！

在这本书里，既介绍了朗诵技巧方面的知识，还收集了我的一些原创作品，希望能给朗诵爱好者以启示和帮助。当然，书中难免有不足之处，望大家提出宝贵意见。

特别致谢我的大学同学于立强同志的热心帮助！

2022 年 6 月

目 录

第一章　什么是朗诵……………………………………………1

第二章　朗诵的备稿……………………………………………2

第三章　朗诵的技巧……………………………………………3
　　第一节　感受作品……………………………………………3
　　第二节　朗诵的停连…………………………………………6
　　第三节　朗诵的重音…………………………………………9
　　第四节　朗诵的语气…………………………………………10
　　第五节　朗诵的节奏…………………………………………12

第四章　古体诗的朗诵…………………………………………17
　　第一节　熟悉背景……………………………………………17
　　第二节　明晓诗意……………………………………………18
　　第三节　找出重点……………………………………………20
　　第四节　诵出诗风……………………………………………21
　　附：经典古体诗朗诵提示……………………………………22

第五章　格律诗的朗诵…………………………………………36
　　第一节　了解背景……………………………………………36
　　第二节　概括主旨……………………………………………37
　　第三节　确定基调……………………………………………37
　　第四节　划好音步……………………………………………38

第五节　押住韵脚……………………………………………39
　　附：经典格律诗朗诵提示……………………………………40

第六章　词的朗诵……………………………………………………67
　　第一节　分析背景……………………………………………67
　　第二节　理解内容……………………………………………68
　　第三节　确定风格……………………………………………68
　　第四节　划好句群……………………………………………69
　　附：经典词作朗诵提示………………………………………69

第七章　自由体诗的朗诵……………………………………………79
　　第一节　分析作品……………………………………………79
　　第二节　确定重音……………………………………………79
　　第三节　把握基调……………………………………………79
　　第四节　诵出特色……………………………………………79
　　附：经典自由诗朗诵提示……………………………………80

第八章　散文的朗诵…………………………………………………85
　　第一节　深入感受，理清思路………………………………85
　　第二节　咀嚼语言，体悟意境………………………………86
　　第三节　细腻表达，娓娓道来………………………………86
　　附：经典散文朗诵提示………………………………………87

附录　杨云宏的原创作品……………………………………………99

主要参考书目…………………………………………………………133

第一章　什么是朗诵

朗诵，就是用清晰的声音，辅助各种语言手段，完善地表达作品思想感情，将文学作品转换成有声语言的创作活动，是一种语言艺术。

朗诵的具体意义如下：

首先，朗诵有利于人们提高普通话水平。现在的朗诵活动，一般都采用普通话进行。我们在练习朗诵时，可以锤炼我们的发音吐字能力，日积月累，我们的普通话水平便会提高。

其次，朗诵有利于人们增强艺术鉴赏能力。朗诵是一门艺术，艺术是相通的。随着我们朗诵知识的增加，朗诵水平的提高，我们对其他艺术的认识就会更加深刻，我们的艺术鉴赏能力就会增强。

再次，朗诵有利于人们陶冶情操。朗诵是一门高雅的艺术，练习朗诵，可以增加生活情趣、人生乐趣，可以磨炼我们的性格，让我们感到心旷神怡。

最后，朗诵有利于人们宣泄不良情绪。心理学上讲究，不良情绪要适时宣泄，否则可能会日久成疾。朗诵，可以让人们释放情感、宣泄情绪，从而，使人心理平衡、身体健康。

第二章　朗诵的备稿

当朗诵者新拿到一个作品时，要认真深入地分析稿件，才能准确地理解作者的创作意图和自己朗诵的目的。这个过程就叫作准备稿件，简称"备稿"。

备稿有两方面的含义：

一是广义备稿，指平时不断地学习积累，不断提高自己的政治觉悟、综合文化素质及艺术修养。也就是要提高自己的综合素质。

二是狭义备稿，指具体的一篇稿件的准备过程。概括起来就是联系背景、划分层次、概括主题、明确目的、找出重点、确定基调六个步骤：

第一，联系背景。联系背景，这里主要指稿件的作者背景、写作背景等。

第二，划分层次。所谓层次，是指稿件的布局、结构。拿到稿件后，首先看它是按什么顺序完成的，搞清楚稿件的布局、结构，有利于我们形之于声。具体来说，要对自然段进行归并，总结出部分、层次，然后简明扼要地概括出大意。

第三，概括主题。主题就是稿件的中心思想或主旨。主题的概括要准确、言简意赅。主题的概括有利于朗诵者表达思想感情。

第四，明确目的。目的是指稿件作者的写作目的和朗诵者朗诵的目的。

第五，找出重点。重点一般是直接表现主题、体现目的、抒发感情、感染受众的地方。重点一般有两种存在方式：一种是集中，另一种是分散。集中，指重点集中在一个或几个自然段。分散，指重点分散在全篇稿件中。找出重点是为了有主有次，在重点上下功夫。次要部分是为重点部分服务的。

第六，确定基调。基调是指稿件的总的感情色彩。基调包括喜悦明快、热情赞扬、细腻清新、真诚劝慰、昂扬有力、深沉坚定、沉郁平缓、缅怀深情、亲切爱怜、幽默风趣、豪放舒展、庄重哀怜、意味深长、憎恶愤激、郑重批驳等。

第三章　朗诵的技巧

第一节　感受作品

一、什么是感受作品

感受作品是指朗诵者透过文字想象文字所代表的客观事物及其运动变化，从而激发出的一系列心理活动过程。

二、形象感受

形象感受是指朗诵者朗诵时对朗诵对象的视觉、听觉、嗅觉、味觉、时间觉、空间觉、运动觉等的综合感知。换而言之，就是视觉上要有画面感，听觉上要有声音感，嗅觉上要有气味感，味觉上要有滋味感，以及时间感、位置感、方向感、距离感和身体器官与肌肉的运动感，等等。其中，视觉和听觉在朗诵的感受中是最重要的。

（一）视觉感受

开始还伴着一阵儿小雨，不久就只见大片大片的雪花，从彤云密布的天空中飘落下来。

（二）听觉感受

冬天的山村，到了夜里就万籁俱寂，只听得雪花簌簌地往下落，树木的枯枝被雪压断了，偶尔咯吱一声响。

（三）嗅觉感受

突然，狗放慢脚步，蹑足前行，好像嗅到了前边有什么野物。

（四）味觉感受

秋天，果实成熟了。伯父家的梨，挂满枝头，摘一颗咬一下，又脆又甜。

（五）触觉感受

漫步海滩，那温柔的海水冲刷着双脚，清清凉凉，好不惬意。

（六）动觉感受

他飞奔出去，骑上电动车，一阵风似的追上去。

（七）时间感受

2022年10月，她回了趟家乡，见了父母。没想到，那是最后一面。

（八）空间感受

东边，是一座山脉；西边是一洼池塘；南边，是一片森林；北边，是一条河流。

三、逻辑感受

（一）并列感受

盼望着，盼望着，东风来了，春天的脚步近了。一切都像刚睡醒的样子，欣欣然张开了眼。山朗润起来了，水涨起来了，太阳的脸红起来了。

（二）递进感受

我去，他也去，甚至全班同学都去。为了争取正义和真理，我们豁出去了。

（三）转折感受

春天来了，到处生机勃勃、一片暖意。但是，秀丽心中却似冰天雪地一般寒冷。

（四）对比感受

月有阴晴圆缺，人有悲欢离合。

四、例文分析

春
（朱自清）

盼望着，盼望着，东风来了，春天的脚步近了。

一切都像刚睡醒的样子，欣欣然张开了眼。山朗润起来了，水涨起来了，太阳的脸红起来了。

小草偷偷地从土里钻出来，嫩嫩的，绿绿的。园子里，田野里，瞧去，一大片一大片满是的。坐着，躺着，打两个滚，踢几脚球，赛几趟跑，捉几回迷藏。风轻悄悄的，草软绵绵的。

桃树、杏树、梨树，你不让我，我不让你，都开满了花赶趟儿。红的像火，粉的像霞，白的像雪。花里带着甜味，闭了眼，树上仿佛已经满是桃儿、杏儿、梨儿。花下成千成百的蜜蜂嗡嗡地闹着，大小的蝴蝶飞来飞去。野花遍地是：杂样儿，有名字的，没名字的，散在花丛里，像眼睛，像星星，还眨呀眨的。

"吹面不寒杨柳风"，不错的，像母亲的手抚摸着你。风里带来些新翻的泥土的气息，混着青草味，还有各种花的香，都在微微润湿的空气里酝酿。鸟儿将巢安在繁花嫩叶当中，高兴起来了，呼朋引伴地卖弄清脆的喉咙，唱出宛转的曲子，跟轻风流水应和着。牛背上牧童的短笛，这时候也成天嘹亮地响着。

雨是最寻常的，一下就是三两天。可别恼。看，像牛毛，像花针，像细丝，密密地斜织着，人家屋顶上全笼着一层薄烟。树叶儿却绿得发亮，小草儿也青得逼你的眼。傍晚时候，上灯了，一点点黄晕的光，烘托出一片安静而和平的夜。在乡下，小路上，石桥边，有撑起伞慢慢走着的人；还有地里工作的农夫，披着蓑，戴着笠。他们的房屋，稀稀疏疏的在雨里静默着。

天上风筝渐渐多了，地上孩子也多了。城里乡下，家家户户，老老小小，他们也赶趟儿似的，一个个都出来了。舒活舒活筋骨，抖擞抖擞精神，各做各的一份事去。"一年之计在于春"，刚起头儿，有的是工夫，有的是希望。

春天像刚落地的娃娃，从头到脚都是新的，它生长着。

春天像小姑娘，花枝招展的，笑着，走着。

春天像健壮的青年，有铁一般的胳膊和腰脚，领着我们上前去。

在这篇散文中，朱自清充分调动感官来写美丽的春天。我们在朗诵前，一定要充分感受字里行间的艺术形象之美。例如：

视觉（小草偷偷地从土里钻出来，嫩嫩的，绿绿的。园子里，田野里，瞧去，一大片一大片满是的。）

听觉（鸟儿将巢安在繁花嫩叶当中，高兴起来了，呼朋引伴地卖弄清脆的喉咙，唱出宛转的曲子，跟轻风流水应和着。牛背上牧童的短笛，这时候也成天嘹亮地响着。）

味觉（花里带着甜味，闭了眼，树上仿佛已经满是桃儿、杏儿、梨儿。）

触觉（"吹面不寒杨柳风"，不错的，像母亲的手抚摸着你。）

嗅觉（风里带来些新翻的泥土的气息，混着青草味，还有各种花的香，都在微微润湿的空气里酝酿。）

时间觉（"一年之计在于春"，刚起头儿，有的是工夫，有的是希望。）

空间觉（在乡下，小路上，石桥边，有撑起伞慢慢走着的人；还有地里工作的农夫，披着蓑，戴着笠。他们的房屋，稀稀疏疏的在雨里静默着。）

运动觉（坐着，躺着，打两个滚，踢几脚球，赛几趟跑，捉几回迷藏。）

…………

我们在朗诵这篇散文时，只要充分感受这些文字，恰当表达、形之于外，那么，我们的朗诵就会活灵活现、字字传神！

第二节 朗诵的停连

一、什么是停连

在朗诵中，语言的部分之间，如层次之间、段落之间、小层次之间、语句之间、词组或词之间，总有休止、中断的地方，时间有长有短，都属于停顿的范围。那些不休止、不中断的地方，特别是文字稿件中有标点符号而不休止、不中断的地方，就是连接。停顿和连接都是有声语言行进中显示语意、抒发感情的方法。无论停或连，都是思想感情发展变化的要求，而不是任意的。

二、停连的两大需要

（一）生理需要

人是需要呼吸的动物，一呼一吸，才有生命。我们在朗诵时，不可能一口气把全篇诗文朗诵完结，中途必须换气，所以，换气时就有了停连。这是生理需要。

（二）心理需要

朗诵是一种艺术再创作。为了表情达意，我们在心理或者感情上必须有停连。该停则停，该连则连。

三、停连的原则

（一）标点符号是参考

供视觉阅读的诗文，依靠标点符号断开文字。朗诵是听觉艺术，有声语言的标点符号是停连。所以，诗文中的标点符号在朗诵中只能是参考。

（二）语法关系是基础

在朗诵中，表情达意不能脱离语法关系，如果脱离语法关系，可能让人费解。所以，语法关系是朗诵的基础。

（三）情感表达是根本

艺术是表情的，朗诵是艺术。所以，朗诵也是表情的。我们朗诵诗文最根本的目的就是抒发我们的感情、表达我们的思想。所以，情感表达是朗诵的根本所在。

（四）声律之美是追求

艺术是审美的，朗诵是有声语言的艺术，我们在朗诵时一定要追求声律之美。朗诵时的高低起伏、快慢变化、虚实相生、强弱对比是声律之美的具体表现，我们一定要注重。这样，我们的朗诵就宛如动听的音乐一般，让人惬意。

四、停连的种类

（一）扬停

扬停是指话没有说完时，语势上扬，让人知道话后还有话。它包括挑停、拖停和悬停（凸停）。

1. 挑停

春天来了，／大地回暖、万物复苏。

2. 拖停

下雪了，大地上一片洁白，／一片寂静。

3. 悬停（凸停）

五花马，千金裘，呼儿将出换美酒，与尔同销／万古愁。

（二）落停

落停是指话语完结时的停顿，语势下落，让人感到话已结束。它包括急收急落、缓收缓落、强收强落和弱收弱落。

1. 急收急落

我鼓起勇气，迈开大步，向着部队前进的方向／走去。

2. 缓收缓落

小兴安岭／是一座宝库，也是一座美丽的大花园。

3. 强收强落（结尾处爆发）

让暴风雨来得更／猛烈些吧！

4. 弱收弱落

他的音容笑貌／我们永远也忘不了。

五、连接

（一）直连

直连是指前半句最后一个字和后半句开头一个字直接连在一起，没有痕迹。清风徐来，水波不兴。

（二）缓连

松下问童子，言师采药去。

（三）紧连

坐着，躺着，打两个滚，踢几脚球，赛几趟跑，捉几回迷藏。

第三节　朗诵的重音

一、什么是重音

在朗诵中，那些根据语句目的、思想感情需要而给以强调的词或短语就叫重音。

二、重音的三大类别

（一）语法重音

根据语法结构的特点，把句子的某些部分重读的，叫语法重音。长句子的主谓宾一般要重读。例如：

初出茅庐、年少不更事的<u>我</u>，终于<u>成</u>了一名光荣的<u>小学教师</u>。

（二）逻辑重音

依靠逻辑关系推理，而产生的重音，就属于逻辑重音。例如：

<u>他</u>去过海南。（强调的是"他"）

他<u>去过</u>海南。（强调的是"去过"）

他去过<u>海南</u>。（强调的是"海南"）

（三）心理重音

心理重音又叫感情重音。例如：

我<u>就</u>不去。

他做得<u>非常</u>不好。

三、重音的表达方法

（一）高低法

高中显低。（我的心呀在高原，别处没有我的心！）
低中显高。（迷惘的我、深思的我、沸腾的我。）

（二）强弱法

先强后弱。（而那逝去的爱将变为可爱。）
先弱后强。（我骄傲，我是中国人！）

（三）快慢法

先快后慢。（会挽雕弓如满月，西北望，射天狼。）
先慢后快。（靖康耻，犹未雪，臣子恨，何时灭？）

（四）轻重法

先轻后重。（轻轻地我走了。）
先重后轻。（在我的浪花里，愉快地游来游去。）

（五）虚实法

先实后虚。（北国风光，千里冰封，万里雪飘。）
先虚后实。（胸口呀莫要这么厉害地跳。）

第四节　朗诵的语气

一、语气的概念

在朗诵中，语气是指思想感情运动状态支配下具体的语句的声音形式。语气以句子为单位，存在于句子之中。

二、语气色彩与声音形式的关系

（一）爱的感情

爱的感情——气徐声柔：口腔宽松，气息深长。
睡吧，宝贝！

（二）憎的感情

憎的感情——气足声硬：口腔紧窄，气息猛塞。
我恨你一辈子！

（三）悲的感情

悲的感情——气沉声缓：口腔如负重，气息如尽竭。
外婆，您安息吧！

（四）喜的感情

喜的感情——气满声高：口腔似千里轻舟，气息似不绝清流。
我接到大学录取通知书啦！

（五）惧的感情

惧的感情——声提气凝：口腔似冰封，气息似倒流。
啊！前面有条蛇！

（六）欲的感情

欲的感情——气多声放：口腔积极敞开，气息力求畅达。
我希望我们的明天更加美好！

（七）急的感情

急的感情——气短声促：口腔似弓箭，飞剑流星；气息如穿梭，经纬速成。
快点快点，要迟到了！

（八）冷的感情

冷的感情——气少声平：口腔松懒，气息微弱。
随你的便吧！想怎样就怎样！

（九）怒的感情

怒的感情——声粗气重：口腔如鼓，气息如椽。
你这个可耻的叛徒！

（十）疑的感情

疑的感情——声细声黏：口腔欲松还紧，气息欲连还断。
你这件事是他办的？

这些语气色彩的不同使声音形式产生丰富变化，使语流波澜起伏，从而具有韵律之美。

第五节　朗诵的节奏

一、节奏的概念

节奏是有声语言的一种形式，诗文朗诵的节奏就是诗文朗诵时语言的抑扬顿挫、轻重缓急的回环往复。

二、节奏的类型

节奏一般有六种类型：轻快型、紧张型、高亢型、低沉型、凝重型、舒缓型。多数诗文往往是以一种节奏为主，辅以其他节奏。

（一）轻快型

例如，李白的《早发白帝城》。

（二）紧张型

例如，贺敬之的《回延安》。

（三）高亢型

例如，毛泽东的《沁园春·雪》。

（四）低沉型

例如，冰心的《纸船》。

（五）凝重型

例如，叶挺的《囚歌》。

（六）舒缓型

例如，徐志摩的《再别康桥》。

三、运用节奏的方法

欲抑先扬，欲扬先抑。
欲停先连，欲连先停。
欲轻先重，欲重先轻。
欲快先慢，欲慢先快。

四、例文

（一）轻快型

早发白帝城
（唐·李白）

朝辞白帝彩云间，千里江陵一日还。
两岸猿声啼不住，轻舟已过万重山。

这首诗写于乾元二年（公元 759 年）三月。这年春天，李白因永王李璘案遭受牵连，被流放夜郎，经过四川赶赴被贬谪的地方。当行至白帝城的时候，忽然收到皇帝赦免自己的消息，他惊喜交加，于是乘船东下江陵。这首诗就是此时所作。因为被赦免，李白的心情非常愉悦、非常轻松。所以，朗诵此诗，以轻快型节奏为宜。这样，才能体现出李白当时轻松快乐的心境。

（二）凝重型

囚歌
（叶挺）

为人进出的门紧锁着，
为狗爬出的洞敞开着，
一个声音高叫着：
——爬出来吧！给你自由！
我渴望自由，
但我深深地知道——
人的身躯怎能从狗洞子里爬出！
我希望有一天，
地下的烈火，
将我连这活棺材一齐烧掉，
我应该在烈火与热血中得到永生！

叶挺在震惊中外的"皖南事变"时被国民党非法逮捕，先后被囚于江西上饶、湖北恩施、广西桂林等地，最后被囚禁于重庆。狱中，叶挺受尽各种酷刑，但他仍然坚贞不屈。于是，国民党反动派就大力利诱他，他始终不为所动，在监狱的墙壁上写下这首被广为传诵的诗歌。全诗分为上下两节，明白晓畅，通俗易懂，脍炙人口，感情炽烈，气势豪迈，意境深邃，充分体现了一位优秀共产党员的高风亮节，让人感到正气凛然，让人肃然起敬！所以，朗诵时，宜采用凝重型节奏。

（三）舒缓型

再别康桥
（徐志摩）

轻轻的我走了，
正如我轻轻的来；

我轻轻的招手，
作别西天的云彩。

那河畔的金柳，
是夕阳中的新娘；
波光里的艳影，
在我的心头荡漾。

软泥上的青荇，
油油的在水底招摇；
在康河的柔波里，
我甘心做一条水草！

那榆荫下的一潭，
不是清泉，
是天上虹；
揉碎在浮藻间，
沉淀着彩虹似的梦。

寻梦？撑一支长篙，
向青草更青处漫溯；
满载一船星辉，
在星辉斑斓里放歌。

但我不能放歌，
悄悄是别离的笙箫；
夏虫也为我沉默，
沉默是今晚的康桥！

悄悄的我走了，
正如我悄悄的来；

◎朗诵艺术探析

　　我挥一挥衣袖，
　　不带走一片云彩。

　　这首诗，表达了诗人徐志摩对康桥美丽风光的无限赞美、热爱之情；同时又体现了他和母校康桥依依分别之情。全诗语句清新、语速较慢、节奏舒缓。

第四章　古体诗的朗诵

第一节　熟悉背景

熟悉背景，是指熟悉诗歌的创作背景。只有熟悉当时的背景，我们才能对诗歌做进一步的鉴赏，才能把握诗歌的朗诵方向。例如，李白的《梦游天姥吟留别》这首诗，我们就应该熟悉当时的创作背景。

梦游天姥吟留别
（唐·李白）

海客谈瀛洲，烟涛微茫信难求；
越人语天姥，云霞明灭或可睹。
天姥连天向天横，势拔五岳掩赤城。
天台四万八千丈，对此欲倒东南倾。
我欲因之梦吴越，一夜飞度镜湖月。
湖月照我影，送我至剡溪。
谢公宿处今尚在，渌水荡漾清猿啼。
脚著谢公屐，身登青云梯。
半壁见海日，空中闻天鸡。
千岩万转路不定，迷花倚石忽已暝。
熊咆龙吟殷岩泉，栗深林兮惊层巅。
云青青兮欲雨，水澹澹兮生烟。
列缺霹雳，丘峦崩摧。
洞天石扉，訇然中开。

青冥浩荡不见底，日月照耀金银台。
霓为衣兮风为马，云之君兮纷纷而来下。
虎鼓瑟兮鸾回车，仙之人兮列如麻。
忽魂悸以魄动，恍惊起而长嗟。
惟觉时之枕席，失向来之烟霞。
世间行乐亦如此，古来万事东流水。
别君去兮何时还？且放白鹿青崖间。须行即骑访名山。
安能摧眉折腰事权贵，使我不得开心颜！

大家知道，李白早年就怀有济世的抱负，但他不屑于经由科举登上仕途，而希望由布衣一跃而为卿相。因此，他漫游全国各地，结交名流，以此广造声誉。唐玄宗天宝元年（742年），李白的朋友道士吴筠向唐玄宗推荐李白，唐玄宗于是召他来到长安。李白到长安后，也曾有过短暂的得意，但他一身傲骨，不肯与权贵同流合污，又因醉酒中命唐玄宗的宠臣高力士脱靴，得罪了权贵，连唐玄宗也对他不满。他在长安仅住了一年多，就被赐金放还，他那由布衣而卿相的梦幻从此破灭。离开长安后，他先到洛阳与杜甫相会，结下深厚的友谊。随后又同游梁、宋故地，这时高适也赶来相会，三人一同前往山东游览，到兖州不久，杜甫西入长安，李白南下会稽（绍兴）。这首诗就是他临行前写的，就是把梦中游历天姥山的情形写成诗，留给东鲁的朋友作别。

第二节　明晓诗意

明晓诗意包括理解诗歌的层次结构、主旨和基调等。明晓诗意是朗诵好一首诗歌的根本条件。

春江花月夜
（唐·张若虚）

春江潮水连海平，海上明月共潮生。
滟滟随波千万里，何处春江无月明！

江流宛转绕芳甸，月照花林皆似霰；
空里流霜不觉飞，汀上白沙看不见。
江天一色无纤尘，皎皎空中孤月轮。
江畔何人初见月？江月何年初照人？
人生代代无穷已，江月年年只相似。
不知江月待何人，但见长江送流水。
白云一片去悠悠，青枫浦上不胜愁。
谁家今夜扁舟子？何处相思明月楼？
可怜楼上月徘徊，应照离人妆镜台。
玉户帘中卷不去，捣衣砧上拂还来。
此时相望不相闻，愿逐月华流照君。
鸿雁长飞光不度，鱼龙潜跃水成文。
昨夜闲潭梦落花，可怜春半不还家。
江水流春去欲尽，江潭落月复西斜。
斜月沉沉藏海雾，碣石潇湘无限路。
不知乘月几人归，落月摇情满江树。

这首诗歌的层次结构可以分为三部分：

从开头到"汀上白沙看不见"为第一部分，主要写春江的美景；

从"江天一色无纤尘"到"但见长江送流水"为第二部分，主要写面对江月产生的感慨；

从"白云一片去悠悠"到最后为第三部分，主要写人间思妇游子的离愁别绪。

这首诗歌的主旨是：以春、江、花、月、夜五种事物为描写对象，描绘了一幅幽美邈远、惝恍迷离的春江月夜图，抒发了游子思妇真挚动人的离情别绪以及富有哲理意味的人生感慨。

这首诗歌的基调是：豪放舒展、细腻清新、意味深长、庄重爱怜交融在一起。

第三节　找出重点

一篇诗文的重点是理解该诗文的切入点，找出重点可以帮助我们深刻理解诗文的主旨，在重点上下功夫，便于听众接受。

重点有时分布在一篇诗文的几个段落或一个段落，有时贯穿全篇。

兵车行
（唐·杜甫）

车辚辚，马萧萧，行人弓箭各在腰。
爷娘妻子走相送，尘埃不见咸阳桥。
牵衣顿足拦道哭，哭声直上干云霄。
道旁过者问行人，行人但云点行频。
或从十五北防河，便至四十西营田。
去时里正与裹头，归来头白还戍边。
边庭流血成海水，武皇开边意未已。
君不闻汉家山东二百州，千村万落生荆杞。
纵有健妇把锄犁，禾生陇亩无东西。
况复秦兵耐苦战，被驱不异犬与鸡。
长者虽有问，役夫敢申恨？
且如今年冬，未休关西卒。
县官急索租，租税从何出？
信知生男恶，反是生女好。
生女犹得嫁比邻，生男埋没随百草。
君不见，青海头，古来白骨无人收。
新鬼烦冤旧鬼哭，天阴雨湿声啾啾！

本诗从开头到"哭声直上干云霄"为第一部分；从"道旁过者问行人"到结尾为第二部分。第一部分描写送别的惨状，是纪事；第二部分传达征夫的诉苦，是纪言。纪言部分是全诗的重点，朗诵时，要格外关照。

第四节　诵出诗风

这里的诗风是指作者创作时的社会风气和作者的人格特征。

一、人格特征

俗话说："风格即人。"作者在创作艺术作品时，往往能够体现自己一贯的人格特征。我们在朗诵时，只要抓住作者的人格特征，就抓住了诗文的特征。例如，朗诵李白的诗歌，就要抓住其浪漫飘逸、豪放不羁的性格特征；朗诵杜甫的诗歌，我们就要体现其笔触犀利、沉郁顿挫的特征。

二、社会风气

社会风气也对诗风有所影响，我们在朗诵时也应有体现。例如，曹操的诗歌凸显建安风骨，陶渊明的诗歌蕴含魏晋风度，北朝民歌粗犷雄浑，李白的诗歌包含盛唐之风，宋代的诗歌注重理性等。

短歌行
（东汉·曹操）

对酒当歌，人生几何？譬如朝露，去日苦多。
慨当以慷，忧思难忘。何以解忧？唯有杜康。
青青子衿，悠悠我心。但为君故，沉吟至今。
呦呦鹿鸣，食野之苹。我有嘉宾，鼓瑟吹笙。
明明如月，何时可掇？忧从中来，不可断绝。
越陌度阡，枉用相存。契阔谈䜩，心念旧恩。
月明星稀，乌鹊南飞。绕树三匝，何枝可依？
山不厌高，海不厌深。周公吐哺，天下归心。

建安时期，社会动乱，人民遭受巨大苦难。这一时期的作品大多抒发建功立业的理想和积极进取的精神，同时也流露出人生短暂、壮志难酬的悲凉

◎朗诵艺术探析

幽怨之情。其意境宏大，笔调朗畅，具有鲜明的时代特征和个性特征。后人把其雄健深沉、慷慨悲凉的艺术风格，称之为"建安风骨"或"汉魏风骨"。曹操的这首诗歌就是代表作之一，前面深沉悲凉，后面慷慨激昂。我们在朗诵时，就要把这种诗风体现出来。

附：经典古体诗朗诵提示

一、关雎

关雎
（先秦·无名氏）

关关雎鸠，在河之洲。窈窕淑女，君子好逑。
参差荇菜，左右流之。窈窕淑女，寤寐求之。
求之不得，寤寐思服。悠哉悠哉，辗转反侧。
参差荇菜，左右采之。窈窕淑女，琴瑟友之。
参差荇菜，左右芼之。窈窕淑女，钟鼓乐之。

朗诵提示：这首诗歌虽然短小，但是它在中国文学史上却有特殊的地位，因为，它是《诗经》的第一篇。这是一首描写男女恋爱的情诗。诗中写了一位君子对淑女追求的过程，重点描写他追求不得的苦恼和求而所得的喜悦。朗诵时，要情感饱满、沉稳真诚。重点要处理好"求之不得，寤寐思服。悠哉悠哉，辗转反侧"这几句的苦恼心情，要把君子的相思苦恼描摹出来。后八句，要读得轻松欢快，以表现君子求而所得的愉悦心情。

二、蒹葭

蒹葭
（先秦·无名氏）

蒹葭苍苍，白露为霜。所谓伊人，在水一方。溯洄从之，道阻且长。溯游从之，宛在水中央。

蒹葭萋萋，白露未晞。所谓伊人，在水之湄。溯洄从之，道阻且跻。溯游从之，宛在水中坻。

蒹葭采采，白露未已。所谓伊人，在水之涘。溯洄从之，道阻且右。溯游从之，宛在水中沚。

朗诵提示：《蒹葭》也是《诗经》中的一首重要的诗篇。一般认为是爱情诗，描写的是抒情主人公对爱情的执着追求和追求不得的惆怅心情。但是，深究之后，我们会发现，这首诗的诗意却又有更加深广的象征意义。"伊人"象征的是目标、理想等；"河水"象征的是阻碍、困难等。整首诗，象征的是人们在追求目标的过程中，那种可望而不可即的境遇。在朗诵时，声音要虚实结合，层层递进。"在水一方""在水之湄""在水之涘"等处，都应该用虚声，以表现虚幻的感觉。

三、无衣

无衣
（先秦·佚名）

岂曰无衣？与子同袍。王于兴师，修我戈矛。与子同仇！
岂曰无衣？与子同泽。王于兴师，修我矛戟。与子偕作！
岂曰无衣？与子同裳。王于兴师，修我甲兵。与子偕行！

朗诵提示：这是一首战歌，全诗采取重章叠唱的形式，描写了秦国军民同仇敌忾、慷慨激昂、意气风发、共同杀敌的英雄气概。朗诵时，要有气势恢宏、层层递进的感受。尤其是每一节的末尾句子，即"与子同仇""与子偕作""与子偕行"更要加大力度、层层深入。

四、步出夏门行·观沧海

步出夏门行·观沧海
（东汉·曹操）

东临碣石，以观沧海。
水何澹澹，山岛竦峙。
树木丛生，百草丰茂。
秋风萧瑟，洪波涌起。
日月之行，若出其中。
星汉灿烂，若出其里。
幸甚至哉，歌以咏志。

朗诵提示：这首诗歌情景交融、借景抒情、动静结合，意境阔远、苍凉慷慨，是"建安风骨"的代表作之一。诗人把眼前的海上景色和心中的政治抱负巧妙地融合在一起，抒发了海纳百川、一统天下的胸襟。朗诵时，要把诗中开阔豪迈的意境体现出来，声音要抑扬顿挫，情感要真挚热诚，栩栩如生地展现一位政治家的情态。

五、饮酒（其五）

饮酒（其五）
（东晋·陶渊明）

结庐在人境，而无车马喧。
问君何能尔？心远地自偏。
采菊东篱下，悠然见南山。
山气日夕佳，飞鸟相与还。
此中有真意，欲辨已忘言。

朗诵提示：陶渊明是东晋著名的诗人之一。因为厌恶官场生活，辞去官职，归隐田园。《饮酒二十首》是他创作的一组五言诗，其中这首诗最为著名，最为闲雅有致。朗诵时，应该节奏舒缓、意味深长、音色明朗，体现出自问自答、自得其乐的心境。尤其是"此中有真意，欲辨已忘言"两句，是重点句子，朗诵时，要和前面的句子区分开来，可适当提高音量，缓缓结尾。

六、归园田居

归园田居
（东晋·陶渊明）

少无适俗韵，性本爱丘山。
误落尘网中，一去三十年。
羁鸟恋旧林，池鱼思故渊。
开荒南野际，守拙归园田。
方宅十余亩，草屋八九间。
榆柳荫后檐，桃李罗堂前。
暧暧远人村，依依墟里烟。
狗吠深巷中，鸡鸣桑树颠。
户庭无尘杂，虚室有余闲。
久在樊笼里，复得返自然。

朗诵提示：这首诗也是陶渊明的代表作。其中，写了对官场生活的强烈厌倦，对田园风光的极为赞美，对农村生活的向往热爱。格调清新、意境淡雅、语言朴实、行文自然，是一首难得的田园诗。朗诵时，要声情并茂、自然流畅、娓娓道来、意味深长。尤其是朗诵其中的景物描写时，更要情景交融、展现意境。

七、敕勒歌

敕勒歌
（南北朝·北朝民歌）

敕勒川，阴山下。天似穹庐，笼盖四野。
天苍苍，野茫茫。风吹草低见牛羊。

朗诵提示：这是一首北朝民歌，描绘了北国草原壮丽富饶的风光，境界开阔，情景交融，浑然天成。语言明白如话，具有很强的感染力。朗诵时，应语调高低结合、虚实相生。开头一句语势适中，"阴山下"语势偏低，"天似穹庐"语势高扬，"笼盖四野"再次偏低，同时宜用虚声，"天苍苍，野茫茫"一句前实后虚，最后一句"风吹草低见牛羊"音色由暗到明，声音由弱至强，同时，加强吐字力度。

八、木兰辞

木兰辞
（南北朝·佚名）

唧唧复唧唧，木兰当户织。不闻机杼声，唯闻女叹息。

问女何所思，问女何所忆。女亦无所思，女亦无所忆。昨夜见军帖，可汗大点兵，军书十二卷，卷卷有爷名。阿爷无大儿，木兰无长兄，愿为市鞍马，从此替爷征。

东市买骏马，西市买鞍鞯，南市买辔头，北市买长鞭。旦辞爷娘去，暮宿黄河边，不闻爷娘唤女声，但闻黄河流水鸣溅溅。旦辞黄河去，暮至黑山头，不闻爷娘唤女声，但闻燕山胡骑鸣啾啾。

万里赴戎机，关山度若飞。朔气传金柝，寒光照铁衣。将军百战死，壮士十年归。

归来见天子，天子坐明堂。策勋十二转，赏赐百千强。可汗问所欲，木兰不用尚书郎，愿驰千里足，送儿还故乡。

爷娘闻女来，出郭相扶将；阿姊闻妹来，当户理红妆；小弟闻姊来，磨刀霍霍向猪羊。开我东阁门，坐我西阁床，脱我战时袍，著我旧时裳。当窗理云鬓，对镜贴花黄。出门看火伴，火伴皆惊忙：同行十二年，不知木兰是女郎。

雄兔脚扑朔，雌兔眼迷离；双兔傍地走，安能辨我是雄雌？

朗诵提示：《木兰辞》和《孔雀东南飞》被誉为"乐府双璧"。这首民歌主要写了可汗点兵、替父从军、凯旋等情节，体现了花木兰爱国爱家、勇敢善战、回归家乡的美好品格和高尚情操。从"唧唧复唧唧"到"从此替爷征"，节奏稍微舒缓，为后文蓄势，朗诵时要体现木兰的忧思和战争前的气氛；从"东市买骏马"到"壮士十年归"，节奏稍加迅疾，描摹战争的激烈和木兰的勇毅，朗诵时，要豪迈坚定、掷地有声；从"归来见天子"到最后一句，节奏舒缓而轻松，体现战争的胜利和归来的从容，朗诵时，语气轻松、语言舒展、饱含深情、意味深长。

九、登幽州台歌

登幽州台歌
（唐·陈子昂）

前不见古人，后不见来者。
念天地之悠悠，独怆然而涕下！

朗诵提示：这首诗写于公元 696 年。陈子昂是一个具有政治远见和伟大抱负的文人。他敢言敢谏，但是均没有被武则天采纳，屡遭打击、心情沉郁，于是登上幽州台，写下了这首千古名篇。这首诗明朗刚健、意境雄浑、视野开阔。朗诵时，前两句语速较慢，突出"前""后""古人""来者"等重音，音量适中；第三句"念"适当拖长声音，"天地之悠悠"放快语速，声音较高；"独怆然而涕下"，运用泣语，声音由实而虚，语速变慢。

十、蜀道难

蜀道难
（唐·李白）

噫吁嚱，危乎高哉！蜀道之难，难于上青天！

蚕丛及鱼凫，开国何茫然！尔来四万八千岁，不与秦塞通人烟。西当太白有鸟道，可以横绝峨眉巅。地崩山摧壮士死，然后天梯石栈相钩连。

上有六龙回日之高标，下有冲波逆折之回川。黄鹤之飞尚不得过，猿猱欲度愁攀援。青泥何盘盘，百步九折萦岩峦。扪参历井仰胁息，以手抚膺坐长叹。

问君西游何时还？畏途巉岩不可攀。但见悲鸟号古木，雄飞雌从绕林间。又闻子规啼夜月，愁空山。蜀道之难，难于上青天，使人听此凋朱颜！

连峰去天不盈尺，枯松倒挂倚绝壁。飞湍瀑流争喧豗，砯崖转石万壑雷。其险也如此，嗟尔远道之人胡为乎来哉！

剑阁峥嵘而崔嵬，一夫当关，万夫莫开。所守或匪亲，化为狼与豺。朝避猛虎，夕避长蛇；磨牙吮血，杀人如麻。锦城虽云乐，不如早还家。蜀道之难，难于上青天，侧身西望长咨嗟！

朗诵提示：这首诗是李白的代表作之一，大约写于唐玄宗天宝初年（742年）。诗中，诗人展开丰富的想象，着力描绘了蜀道逶迤、峥嵘、高峻、崎岖的面貌，体现了蜀地山川的壮秀，显示出诗人浪漫的气质和热爱自然的感情。文句参差、笔意纵横、豪放洒脱、感情强烈、一唱三叹！朗诵时，应基调豪放不羁，节奏紧张高亢、语气险峻峭拔、语速快慢结合、声音虚实相生。尤其要注意"蜀道之难，难于上青天！"这一诗句，在诗中出现三次，每次的表达是不同的，要有适当的变化。

十一、将进酒

将进酒
（唐·李白）

君不见，黄河之水天上来，奔流到海不复回。
君不见，高堂明镜悲白发，朝如青丝暮成雪。
人生得意须尽欢，莫使金樽空对月。
天生我材必有用，千金散尽还复来。
烹羊宰牛且为乐，会须一饮三百杯。
岑夫子，丹丘生，将进酒，杯莫停。
与君歌一曲，请君为我倾耳听。
钟鼓馔玉不足贵，但愿长醉不复醒。
古来圣贤皆寂寞，惟有饮者留其名。
陈王昔时宴平乐，斗酒十千恣欢谑。
主人何为言少钱，径须沽取对君酌。
五花马，千金裘，呼儿将出换美酒，与尔同销万古愁。

朗诵提示：公元744年，李白被排挤出京，唐玄宗赐金放还。此后，李白心情沉郁、思想极度烦闷，重新踏上云游祖国山河之路。这一时期，李白经常和好友岑勋、元丹丘登高饮宴、借酒放歌。这首诗歌便是在这个背景下所作。

第一句中的"君不见"声音稍低，"天"字声音突然升高，以凸显黄河之水的气势和能量，接着"奔流到海不复回"声音下行。第二句的"君不见"相比第一句的"君不见"声音略高，"高堂明镜悲白发，朝如青丝暮成雪"一句，声音从高而低。

从"人生得意须尽欢"到"会须一饮三百杯"，朗诵时，要体现出李白的自信、旷达、飘逸、豪放。

从"岑夫子"到"斗酒十千恣欢谑"，朗诵时，要体现出李白的醉酒狂歌、推心置腹、潇洒飘逸。

从"主人何为言少钱"到最后，语速变快，声音越来越亮，"与尔同销"与"万古愁"中间做一停顿，最后斩钉截铁地朗诵出"万古愁"三个字，给人豪迈、飘然、潇洒、回味无穷的氛围。

十二、行路难（其一）

行路难（其一）
（唐·李白）

金樽清酒斗十千，玉盘珍羞直万钱。
停杯投箸不能食，拔剑四顾心茫然。
欲渡黄河冰塞川，将登太行雪满山。
闲来垂钓碧溪上，忽复乘舟梦日边。
行路难，行路难！多歧路，今安在？
长风破浪会有时，直挂云帆济沧海。

朗诵提示：公元742年，李白奉诏入京，担任翰林供奉。但是，李白并未被唐玄宗重用，同时还受到权臣排挤，最终被"赐金放还"，变相撵出了长安。朋友们都来为他践行，他苦闷抑郁、满怀愤慨，写下了此篇。

朗诵时，前四句中的"停""投""拔""顾"四个动词是重音，必须体现出来，要诵出李白抑郁、苦闷、愤慨的心情；"欲渡黄河冰塞川，将登太行雪满山"两句，具体描写行路难的状况，应该饱含艰难之意；"闲来垂钓碧溪上，忽复乘舟梦日边"两句，是李白的想象，声音侧虚；"行路难，行路难！多歧路，今安在？"几句，语速加快，体现李白满腔的艰难和疑问；"长风破浪会有时，直挂云帆济沧海"是李白对未来的美好向往和展望，要增强音量、满怀激情，表达李白的豪放舒展、自信洒脱！

十三、月下独酌四首（其一）

月下独酌四首（其一）
（唐·李白）

花间一壶酒，独酌无相亲。
举杯邀明月，对影成三人。
月既不解饮，影徒随我身。

暂伴月将影，行乐须及春。
我歌月徘徊，我舞影凌乱。
醒时同交欢，醉后各分散。
永结无情游，相期邈云汉。

朗诵提示：此诗大约写于公元744年，当时李白官场失意，孤寂苦闷，但是他并没有消沉，没有和权贵同流合污，仍然追求自由、向往光明。

这首诗大致是按照孤独—不孤独—孤独—不孤独的感情线索写成的，以乐写哀、以旷达写忧郁。开头两句，充满孤寂之意，是诗眼，朗诵时低沉忧郁；"举杯邀明月，对影成三人"，月亮、自己、影子相聚在一起，作者不再孤独，这两句要诵出欢乐之意；五、六、七、八句，作者又陷入孤独之中，但是又要和月、影一起及时行乐，这是苦中有乐；最后六句，表达了作者旷达、超然的心绪，朗诵时音调可以高昂洒脱。

十四、宣州谢朓楼饯别校书叔云

宣州谢朓楼饯别校书叔云
（唐·李白）

弃我去者，昨日之日不可留；
乱我心者，今日之日多烦忧。
长风万里送秋雁，对此可以酣高楼。
蓬莱文章建安骨，中间小谢又清发。
俱怀逸兴壮思飞，欲上青天览明月。
抽刀断水水更流，举杯消愁愁更愁。
人生在世不称意，明朝散发弄扁舟。

朗诵提示：这首诗大约写于公元753年的秋天。全诗慷慨豪放、大开大合，抒发了自己怀才不遇的强烈愤懑、对光明的执着追求之情。开头两句，要体现出诗人的愁苦郁闷之情；中间六句，舒展爽朗、振奋人心，音调高昂、激情饱满；"抽刀断水水更流，举杯消愁愁更愁"，又一次陷入沉闷孤苦，声音低沉；最后两句，自信自强、潇洒超脱、音调高亮！

十五、游子吟

游子吟
（唐·孟郊）

慈母手中线，游子身上衣。
临行密密缝，意恐迟迟归。
谁言寸草心，报得三春晖。

朗诵提示：这首诗言简意赅、明晓如话，精要地表达了慈母和游子之间的深情厚意。朗诵时，前四句要情真意切、细腻内敛，音量不必过大，对"线""衣""密密""迟迟"等词语，要诵得真切、清亮；最后两句，用反问语气，加强音量、语速放慢，把游子想要报答慈母的真挚情感充分表达出来！

十六、长恨歌

长恨歌
（唐·白居易）

汉皇重色思倾国，御宇多年求不得。
杨家有女初长成，养在深闺人未识。
天生丽质难自弃，一朝选在君王侧。
回眸一笑百媚生，六宫粉黛无颜色。
春寒赐浴华清池，温泉水滑洗凝脂。
侍儿扶起娇无力，始是新承恩泽时。
云鬓花颜金步摇，芙蓉帐暖度春宵。
春宵苦短日高起，从此君王不早朝。
承欢侍宴无闲暇，春从春游夜专夜。
后宫佳丽三千人，三千宠爱在一身。
金屋妆成娇侍夜，玉楼宴罢醉和春。

第四章 古体诗的朗诵

姊妹弟兄皆列土，可怜光彩生门户。
遂令天下父母心，不重生男重生女。
骊宫高处入青云，仙乐风飘处处闻。
缓歌谩舞凝丝竹，尽日君王看不足。
渔阳鼙鼓动地来，惊破霓裳羽衣曲。
九重城阙烟尘生，千乘万骑西南行。
翠华摇摇行复止，西出都门百余里。
六军不发无奈何，宛转蛾眉马前死。
花钿委地无人收，翠翘金雀玉搔头。
君王掩面救不得，回看血泪相和流。
黄埃散漫风萧索，云栈萦纡登剑阁。
峨嵋山下少人行，旌旗无光日色薄。
蜀江水碧蜀山青，圣主朝朝暮暮情。
行宫见月伤心色，夜雨闻铃肠断声。
天旋地转回龙驭，到此踌躇不能去。
马嵬坡下泥土中，不见玉颜空死处。
君臣相顾尽沾衣，东望都门信马归。
归来池苑皆依旧，太液芙蓉未央柳。
芙蓉如面柳如眉，对此如何不泪垂。
春风桃李花开日，秋雨梧桐叶落时。
西宫南内多秋草，落叶满阶红不扫。
梨园弟子白发新，椒房阿监青娥老。
夕殿萤飞思悄然，孤灯挑尽未成眠。
迟迟钟鼓初长夜，耿耿星河欲曙天。
鸳鸯瓦冷霜华重，翡翠衾寒谁与共。
悠悠生死别经年，魂魄不曾来入梦。
临邛道士鸿都客，能以精诚致魂魄。
为感君王辗转思，遂教方士殷勤觅。
排空驭气奔如电，升天入地求之遍。
上穷碧落下黄泉，两处茫茫皆不见。
忽闻海上有仙山，山在虚无缥渺间。
楼阁玲珑五云起，其中绰约多仙子。

中有一人字太真，雪肤花貌参差是。
金阙西厢叩玉扃，转教小玉报双成。
闻道汉家天子使，九华帐里梦魂惊。
揽衣推枕起徘徊，珠箔银屏迤逦开。
云鬓半偏新睡觉，花冠不整下堂来。
风吹仙袂飘飘举，犹似霓裳羽衣舞。
玉容寂寞泪阑干，梨花一枝春带雨。
含情凝睇谢君王，一别音容两渺茫。
昭阳殿里恩爱绝，蓬莱宫中日月长。
回头下望人寰处，不见长安见尘雾。
惟将旧物表深情，钿合金钗寄将去。
钗留一股合一扇，钗擘黄金合分钿。
但教心似金钿坚，天上人间会相见。
临别殷勤重寄词，词中有誓两心知。
七月七日长生殿，夜半无人私语时。
在天愿作比翼鸟，在地愿为连理枝。
天长地久有时尽，此恨绵绵无绝期。

朗诵提示：这首诗歌写于公元 806 年，叙述了唐玄宗和杨贵妃的爱情故事。人物鲜明、情节曲折、缠绵悱恻、流转回环，感人至深。诗中主要情节有玉环出生、得宠恩泽、全家富贵、安史之乱、马前赐死、睹物思人、梦中相会、临别发誓等。男女主人公深挚的爱情贯穿始终。朗诵时，要根据叙述的具体情况，来表达情感，注意行进语速、节奏等，不能顾此失彼！

十七、琵琶行

琵琶行
（唐·白居易）

浔阳江头夜送客，枫叶荻花秋瑟瑟。主人下马客在船，举酒欲饮无管弦。醉不成欢惨将别，别时茫茫江浸月。

忽闻水上琵琶声，主人忘归客不发。寻声暗问弹者谁？琵琶声停欲语迟。移船相近邀相见，添酒回灯重开宴。千呼万唤始出来，犹抱琵琶半遮面。转轴拨弦三两声，未成曲调先有情。弦弦掩抑声声思，似诉平生不得志。低眉信手续续弹，说尽心中无限事。轻拢慢捻抹复挑，初为霓裳后六幺。大弦嘈嘈如急雨，小弦切切如私语。嘈嘈切切错杂弹，大珠小珠落玉盘。间关莺语花底滑，幽咽泉流冰下难。冰泉冷涩弦凝绝，凝绝不通声暂歇。别有幽愁暗恨生，此时无声胜有声。银瓶乍破水浆迸，铁骑突出刀枪鸣。曲终收拨当心画，四弦一声如裂帛。东船西舫悄无言，唯见江心秋月白。

沉吟放拨插弦中，整顿衣裳起敛容。自言本是京城女，家在虾蟆陵下住。十三学得琵琶成，名属教坊第一部。曲罢曾教善才服，妆成每被秋娘妒。五陵年少争缠头，一曲红绡不知数。钿头银篦击节碎，血色罗裙翻酒污。今年欢笑复明年，秋月春风等闲度。弟走从军阿姨死，暮去朝来颜色故。门前冷落鞍马稀，老大嫁作商人妇。商人重利轻别离，前月浮梁买茶去。去来江口守空船，绕船月明江水寒。夜深忽梦少年事，梦啼妆泪红阑干。

我闻琵琶已叹息，又闻此语重唧唧。同是天涯沦落人，相逢何必曾相识！我从去年辞帝京，谪居卧病浔阳城。浔阳地僻无音乐，终岁不闻丝竹声。住近湓江地低湿，黄芦苦竹绕宅生。其间旦暮闻何物？杜鹃啼血猿哀鸣。春江花朝秋月夜，往往取酒还独倾。岂无山歌与村笛？呕哑嘲哳难为听。今夜闻君琵琶语，如听仙乐耳暂明。莫辞更坐弹一曲，为君翻作《琵琶行》。感我此言良久立，却坐促弦弦转急。凄凄不似向前声，满座重闻皆掩泣。座中泣下谁最多？江州司马青衫湿。

朗诵提示：这首诗是白居易的名篇之一。通过描述琵琶女高超的弹奏技艺和她的不幸经历，揭露了当时社会的黑暗、官僚的腐败，反映了民生凋敝、埋没人才的不合理现象，表达了诗人对琵琶女的同情和对自己无辜被贬的愤懑！全诗大致可分为送客、弹琴、讲诉、感怀等几部分，文笔朴素、自然流畅。其中的"同是天涯沦落人，相逢何必曾相识"等名句，千古传诵！

朗诵时，以舒缓低沉的节奏为主，间有高亢紧张的节奏；语言真诚、声音深沉、情感酸楚。

第五章　格律诗的朗诵

第一节　了解背景

了解背景，就是了解诗歌的创作背景。这样，有利于我们进一步对格律诗进行鉴赏。

春望
（唐·杜甫）

国破山河在，城春草木深。
感时花溅泪，恨别鸟惊心。
烽火连三月，家书抵万金。
白头搔更短，浑欲不胜簪。

唐玄宗天宝十四年（755年）十一月，安禄山起兵叛乱。次年六月，叛军攻陷潼关，唐玄宗匆忙逃往四川。七月，太子李亨于灵武继位，是为唐肃宗，改元至德。杜甫闻讯，即将家属安顿在鄜州，只身一人投奔肃宗朝廷，结果不幸在途中被叛军俘获，解送至长安，后因官职卑微才未被囚禁。唐肃宗至德二年春，身处长安城的杜甫目睹了城内一片萧条零落的景象，百感交集，便写下了这首传诵千古的名作。这就是该诗的写作背景，了解这一背景，我们在朗诵时就有了方向。

第二节　概括主旨

概括主旨就是总结归纳一首格律诗的中心意思。只要抓住主旨，我们在朗诵时就能明确重点，提纲挈领，让我们的朗诵打动别人。

送杜少府之任蜀州
（唐·王勃）

城阙辅三秦，风烟望五津。
与君离别意，同是宦游人。
海内存知己，天涯若比邻。
无为在歧路，儿女共沾巾。

这首诗的主旨是慰勉友人面对分别，不要感伤！抒发了作者对朋友的留恋之情，更主要的是勉励朋友乐观进取、勇往直前，去迎接新生活，体现了诗人宽阔的胸怀和远大的抱负！

第三节　确定基调

基调是一首诗总的感情色彩。一般来说，诗文朗诵有十五种基调：喜悦明快、热情赞扬、细腻清新、真诚劝慰、昂扬有力、深沉坚定、沉郁平缓、缅怀深情、亲切爱怜、幽默风趣、豪放舒展、庄重哀怜、意味深长、憎恶愤激、郑重批驳等。是悲是喜、是爱是憎，只要确定基调，我们在朗诵时就能根据思想感情的需要，恰当地运用有声语言，去表达、去渲染。

山居秋暝
（唐·王维）

空山新雨后，天气晚来秋。
明月松间照，清泉石上流。
竹喧归浣女，莲动下渔舟。
随意春芳歇，王孙自可留。

这首诗歌的基调是把细腻清新、亲切爱怜、意味深长几种基调融为一体，韵味隽永！

第四节　划好音步

音步是指一句诗中根据诗意、运用停顿等方法划分出来的段落。它的作用是有利于朗诵的抑扬顿挫，有助于节奏的产生和表现。

一、五言诗的音步

在理论上，五言诗每句两顿，分三个音步。划分方法有两种，即"二二一"和"二一二"。比如，孟浩然的《春晓》可以这样来划分：

春眠 / 不觉 / 晓，
处处 / 闻 / 啼鸟。
夜来 / 风雨 / 声，
花落 / 知 / 多少。

但是，在朗诵实践中，两顿三步的划分方法有时并不适用，而一顿两步却更有利于朗诵的流畅，即"二三结构"。这样，《春晓》又可以做如下划分：

春眠 / 不觉晓,
处处 / 闻啼鸟。
夜来 / 风雨声,
花落 / 知多少。

二、七言诗的音步

从理论角度来看,七言诗每句三顿,分四个音步,即"二二一二"或"二二二一"。例如,李白的《送孟浩然之广陵》,可以这样划分:

故人 / 西辞 / 黄鹤 / 楼,
烟花 / 三月 / 下 / 扬州。
孤帆 / 远影 / 碧空 / 尽,
唯见 / 长江 / 天际 / 流。

同样,在朗诵中,为了语句连贯,还可以划分为"二二三"或"四三"结构。

故人 / 西辞 / 黄鹤楼,
烟花 / 三月 / 下扬州。
孤帆 / 远影 / 碧空尽,
唯见 / 长江 / 天际流。

故人西辞 / 黄鹤楼,
烟花三月 / 下扬州。
孤帆远影 / 碧空尽,
唯见长江 / 天际流。

第五节　押住韵脚

格律诗都讲究押韵,一般在偶句上押韵,即人们通常所说的"一三五不论,二四六分明"。朗诵时,一般都要强调韵脚。但是,强调的方法要有变化,否则,

◎ 朗诵艺术探析

会让听众产生疲劳感。例如，白居易的《赋得古原草送别》中，就可以对韵脚作不同的处理。

赋得古原草送别
（唐·白居易）

离离原上草，
一岁一枯荣（高而慢）。
野火烧不尽，
春风吹又生（低而快）。
远芳侵古道，
晴翠接荒城（实）。
又送王孙去，
萋萋满别情（慢而虚）。

附：经典格律诗朗诵提示

一、登鹳雀楼

登鹳雀楼
（唐·王之涣）

白日依山尽，黄河入海流。
欲穷千里目，更上一层楼。

朗诵提示：这首诗前两句写景，后两句说理。意境壮阔、哲理深邃。

第一句主要写景色高远阔大。因为太阳在高空，山在低处，所以采用下山类语势，"依"字拖音，体现太阳在空中移动的过程，尽管这个过程我们很难看到，但是在表现时应该注重。第二句主要写黄河东流入海的景象。黄河和海相比，海拔较高，因此继续采用下山类语势，"流"字拖音，体现黄河注入海洋时的动态雄壮之美。第三句，"千"字拖音，以表达广阔的视野，采用上山类语势。第四句，重在说理，要更上一层楼，所以采用上山类语势为佳。"一层楼"三字缓缓吐出，慢慢收尾，显得意味深长！

二、宿建德江

宿建德江
（唐·孟浩然）

移舟泊烟渚，日暮客愁新。
野旷天低树，江清月近人。

朗诵提示：这是一首山水诗，也是一首羁旅行役诗。诗眼是一个"愁"字。通过本诗的题目和诗的第一句，我们可以知晓诗人在漂泊途中，暂时停泊在"烟渚"，愁意已出；第二句，夕阳西下、夜幕拉开，诗人直接抒情——"愁新"，意即愁上加愁；接下来第三句说，旷野无边、直连天际、树木显得特别清晰，在这样的背景下，诗人或许倍感自己的渺小和孤独，愁意再次加重；第四句，江水清凉、明月照人，似乎近身的只有明月。我们知道，月亮自古是游子的青睐之物，看见它，就会勾起乡愁。此时此刻，使人怎能不思念自己的家乡呢！于是，各种愁思酝酿在一起，表现了诗人的羁旅惆怅、孤独凄清。

朗诵时，情感上要突出一个"愁"字，"泊""客愁新""旷""低""清""近"都可以作为重音，基调灰暗深远，节奏缓慢舒展。

三、鸟鸣涧

鸟鸣涧
（唐·王维）

人闲桂花落，夜静春山空。
月出惊山鸟，时鸣春涧中。

◎ 朗诵艺术探析

朗诵提示：这首诗最主要的是一个"静"字。诗人充分调动视觉、听觉、动觉来写山中之静。

第一句"人闲桂花落"，既有视觉又有听觉还有动觉，因为"人闲"，才有可能静观桂花之落、静听桂花之落；第二句"夜静春山空"，是从听觉角度来写山中之静，这一句，直接点出"静"字，更让人感到山中的空寂和幽静；第三句"月出惊山鸟"，从视觉、动觉写静，动静结合，更具情趣；最后一句"时鸣春涧中"又从听觉反衬幽静。总之，本诗动静结合、视听结合，写出了山中之静、人闲之美。

朗诵时，"闲""落""静""空""惊""鸣"等字为重音，着意强调；同时，充分调动视觉、听觉和动觉，来表现悠闲之趣和静谧之美；还可以运用虚实对比、高低相间、快慢停连来控制语流。

四、相思

相思
（唐·王维）

红豆生南国，春来发几枝。
愿君多采撷，此物最相思。

朗诵提示：这首诗借物言情，意味深长；语言朴实，情感真挚，是描写相思的一首好诗。红豆又叫相思豆，是相思的代名词，人们常用此物表达爱情。

朗诵时，第一句"红豆生南国"，平缓拖出，叙述红豆的产地；第二句"春来发几枝"，稍微着力，强调"发"字，意即相思之生、相思之深、相思之苦；第三句"愿君多采撷"，语速较快，语势上升，读出情感深挚，真诚劝慰之意；最后一句"此物最相思"，可在"此物"之后做一停顿，声断气连，缓缓诵出"最相思"三字，同时，运用虚声表现，给人余音袅袅、意味深长之感。

五、静夜思

静夜思
（唐·李白）

床前明月光，疑是地上霜。
举头望明月，低头思故乡。

朗诵提示：这首诗写的是明月乡愁，表达诗人漂泊他乡、羁旅愁思，语言精练、朗朗上口、广为传诵。

第一句"床前明月光"，语速较缓，语调平实；第二句"疑是地上霜"，似疑似惑，疑问语气，整体为下山类语势，突出"疑"字；第三句"举头望明月"，上山类语势，语调渐高，强调"望"字，语速较快；最后一句"低头思故乡"，整体为下山类语势，语速较缓，"思故乡"三字，节奏更慢，弱收慢收。

六、独坐敬亭山

独坐敬亭山
（唐·李白）

众鸟高飞尽，孤云独去闲。
相看两不厌，只有敬亭山。

朗诵提示：这首诗，表面上是写李白的孤独、落寞，但仔细推敲后，我们可以发现，诗人是很旷达、乐观的。因为，人格化了的敬亭山就是诗人的"知己"，在知己的陪伴下，诗人应该是超脱的、达观的。

第一句，采用波峰类语势，"高飞"二字是最高点，稍微着力；第二句，应该是波谷类语势，"独去"二字是最低点，朗诵时，要诵出悠闲之意；第三句，语速加快，"厌"字拖音上扬，引领下句；最后一句，"只有"后面稍作停顿，肯定地诵出"敬亭山"，用实声。

七、秋浦歌

秋浦歌
（唐·李白）

白发三千丈，缘愁似个长。
不知明镜里，何处得秋霜。

朗诵提示：这首诗是千古名篇，广为传诵，旨在抒发作者难以排解的愁绪。

第一句，突出"三千"二字，音量稍高，语势上扬，重墨渲染，气息充足，语速较慢；第二句，强调"愁"字，加大音量，"愁"字后面可做停顿；三四两句可以连在一起，情绪饱满、语速加快，"何处"之后，略作停顿，"得秋霜"放慢语速，予以强调，既要体现愁绪，又要表达无奈之情。

八、逢雪宿芙蓉山主人

逢雪宿芙蓉山主人
（唐·刘长卿）

日暮苍山远，天寒白屋贫。
柴门闻犬吠，风雪夜归人。

朗诵提示：这是一首耐人寻味的诗歌。虽然语言简洁朴实、意思单纯，但是意象丰富。例如，"日暮""苍山""天寒""白屋""柴门""犬吠""风雪""归人"等，这些意象连在一起，给人画面多姿多彩、意境静谧清新、人情温馨和谐之感。

第一句，视野开阔，朗诵时，突出"远"字，可适当拖音，语速较慢，气息充沛；第二句，采用下山类语势，"寒""贫"两字，要调动触觉和视觉进行充分感受，然后着重强调，使画面更形象；第三句，语速可以适当加快，由静而动，调动听觉进行感受，音量也可适当放大；第四句，"风雪"之后，略作停顿，最后诵出"夜归人"，语速较前缓慢，意味深长。

九、塞下曲

塞下曲
（唐·卢纶）

月黑雁飞高，单于夜遁逃。
欲将轻骑逐，大雪满弓刀。

朗诵提示：这是一首边塞征战诗，主要描写唐军将士在月黑风高的夜晚，冒雪追击逃跑的单于及其败军的场面。虽然天寒地冻、大雪纷飞，但是轻骑将士一个个信心十足、热情高昂、不惧严寒。

第一句，突出"黑""高"两字，"黑"字音量拖长，"高"字提高音量，凸显出作战的环境和气氛；第二句突出单于遁逃的情景，"夜遁逃"三字可加快语速，旨在表达逃跑的慌张狼狈；第三句，承上启下，语速稍快、音量稍高；第四句，强调"大""满"二字，语气坚定、语调高昂，体现出将士们勇敢杀敌、不惧寒冷、斗志昂扬的精神状态！

十、江雪

江雪
（唐·柳宗元）

千山鸟飞绝，万径人踪灭。
孤舟蓑笠翁，独钓寒江雪。

朗诵提示：这是柳宗元的一首山水诗，描画了一幅江天雪景图，意境凄冷寒凉、孤寂静默，渔翁的形象完整突出、鲜明孤傲，是柳宗元在政治上的郁闷苦恼、孤傲清高的人格写照。

第一句，起句声音要高，节奏舒缓，突出"绝"字，呈现视野的高远广阔；第二句，采用下山类语势，强调"灭"字，语速和第一句相似；第三句和第四句，是特写镜头，着重刻画渔翁的形象，在这样孤寂、凄冷、酷寒的背景下，独自垂钓、不畏严寒，可见意志之坚强、精神之超脱，跃然纸上、活灵活现！朗诵时，第三句加强音量，吐字有力，突出"孤"字；第四句，语气坚定超脱、气息充足、突出"独"字，"寒江雪"三字，洒脱着力，从容吐出。

十一、乐游原

乐游原
（唐·李商隐）

向晚意不适，驱车登古原。
夕阳无限好，只是近黄昏。

朗诵提示：这是李商隐的代表作之一。诗中主要流露的是一种难以排解的忧郁和伤感。

第一句点明游览古原的时间和原因，朗诵时，语句平稳、语速适中；第二句主要写诗人的行动和登临的地点，采用上山类语势，逐渐加力，着重在"登"字上；第三句主要写景，我们可以想象一下，在夕阳余晖的照耀下，彩霞满天、山凝胭脂、气象万千、一片金色，这景色旖旎绚丽、引人入胜，朗诵时，一定要语言明丽、语气高昂，充满赞叹之意；第四句，做一很大转折，语势做下山类处理，同时用感叹语气缓缓结尾！

十二、夏日绝句

夏日绝句
（宋·李清照）

生当作人杰，死亦为鬼雄。
至今思项羽，不肯过江东。

朗诵提示：大家知道，李清照是婉约词派的代表之一，但这首诗，却非常豪放。

诗中，高度评价和赞赏了不肯过江东的西楚霸王项羽，还深刻阐明了诗人自己的人生观、生死观，同时，讽刺批判了偏安一隅、无心抗金的南宋朝廷。读起来，让人感到热血沸腾、情感震撼、心怀激烈！

前两句中，"生"和"死"对应，"人杰"和"鬼雄"对应，都是重音，要格外强调，语气豪迈、情感浓烈、气息充足、节奏高亢、掷地有声；第三句"至今思项羽"，怀古悼今，语速适中；第四句，"不肯"二字，要诵得态度坚定，大义凛然，"过江东"三字，一字一顿，字字着力，让人回味无穷！

十三、在狱咏蝉

在狱咏蝉
（唐·骆宾王）

西陆蝉声唱，南冠客思深。
不堪玄鬓影，来对白头吟。
露重飞难进，风多响易沉。
无人信高洁，谁为表予心。

朗诵提示：这首诗是骆宾王的一首借物咏怀诗。武则天统治时期，诗人多次上书议论政事，遭到诬陷，强加贪污罪名，被捕入狱，在狱中，耳闻蝉声一片，落笔成诗。全诗感情充沛、多用双关、由物及人、由人及物、借蝉自况、表面写蝉、实则写己，达到了物我一体的境界，堪称咏物诗中名作。

诗的首联和颔联，以蝉起兴，主要突出"悲"，"唱""深""玄鬓""白头"等词，可以作为重音，加以强调；颈联和尾联，主要突出"愤"，"难进""易沉""无人""谁""予"等词，是重音，朗诵时，我们要气息充沛、语速较快、情感激烈，"谁为表予心"一句，更要加大音量，强化愤怒色彩。

十四、望月怀远

望月怀远
（唐·张九龄）

海上生明月，天涯共此时。
情人怨遥夜，竟夕起相思。
灭烛怜光满，披衣觉露滋。
不堪盈手赠，还寝梦佳期。

朗诵提示：这首诗，是作者月夜怀念远方友人写的名篇，其中，"海上生明月，天涯共此时"尤为著名。

首联两句，一句突出空间感，一句突出时间感，"海上生明月"采用上山类语势，"海上"二字用虚声，表现大海辽阔的感觉，"生"字用实声，并且拖音，呈现明月升起的动态；"天涯共此时"，"天涯"也用虚声，表现浩瀚无垠之感，"共此时"语速加快，和前面的"生明月"形成对比；颔联和颈联，细腻地描写了诗人思念远方友人的情态，朗诵时，我们要情感真挚、语速稍慢、音量适中，要符合深夜的情境；尾联重要强调的重音是"赠""梦"等词语，声音可稍大一点，"梦"字采用虚声，"梦佳期"缓收缓落，韵味深长。

十五、过故人庄

过故人庄
（唐·孟浩然）

故人具鸡黍，邀我至田家。
绿树村边合，青山郭外斜。
开轩面场圃，把酒话桑麻。
待到重阳日，还来就菊花。

朗诵提示：这首诗是孟浩然笔下的一首著名的田园山水诗，写的是诗人应邀到一位农村朋友家里做客的经过。田园风光淳朴、主客把酒言欢、情谊深厚、充满乐趣，语言朴实，如话家常。

朗诵时，首联平实，语势平稳，娓娓道来，不必刻意雕琢；颔联描写自然风光，由近及远，突出"合""斜"二字，境界越来越阔大，声音越来越明亮，运用上山类语势；颈联主要写友人之间的开怀畅饮，要呈现舒适的心情、言欢的场面，所以，语调较高、音量较大、音色明亮、情绪畅快；尾联诗人表明：待到重阳日，还来就菊花，可见，诗人对田园生活的赞美、向往之情，朗诵时，应语调自然、情绪悠然、顺势结尾。

十六、望洞庭湖赠张丞相

望洞庭湖赠张丞相
（唐·孟浩然）

八月湖水平，涵虚混太清。
气蒸云梦泽，波撼岳阳城。
欲济无舟楫，端居耻圣明。
坐观垂钓者，徒有羡鱼情。

朗诵提示：这首诗也是孟浩然的著名的代表作之一，是一首投赠之作。构思巧妙、耐人寻味。

前四句写景，后四句抒情。景中有情，情因景生。朗诵时，前四句要处理得画面开阔、意境远大、气势恢宏、声音有力、音色明亮，突出"平""混""蒸""撼"等字，勾画出洞庭湖辽远的环境氛围；后四句，要用双关的语气诵出，强调"无""耻""观""徒"等字，语速较慢，态度恳切，"徒有"之后做一停顿，缓缓收住"羡鱼情"。

十七、使至塞上

使至塞上
（唐·王维）

单车欲问边，属国过居延。
征蓬出汉塞，归雁入胡天。
大漠孤烟直，长河落日圆。
萧关逢候骑，都护在燕然。

朗诵提示：这首诗是王维边塞诗的代表作，记述了他赴边慰问将士途中的见闻。其中，"大漠孤烟直，长河落日圆"两句最为著名、广为传诵。

首联交代了此行的目的和到达的地点，用叙述口气，平稳诵出；颔联两句借蓬草自况，意蕴丰富，要呈现飘零之感，语气孤寂、音色较暗、节奏较缓；颈联是众所周知的名句，诗中有画、画中有诗、情景交融、境界雄浑、场面辽阔，主要强调"大""直""长""圆"等字，语调高昂、节奏高亢、语气豪迈、音色明亮、虚实相生；尾联流露出对都护的赞叹之情，语速适中、节奏趋缓，依然是叙述口气，给人以收束之感。

十八、望岳

望岳
（唐·杜甫）

岱宗夫如何？齐鲁青未了。
造化钟神秀，阴阳割昏晓。
荡胸生曾云，决眦入归鸟。
会当凌绝顶，一览众山小。

朗诵提示：这首诗是杜甫年轻时期的作品，描绘了泰山的雄伟高大，赞美了祖国的美好山河，表达了诗人敢攀顶峰的雄心壮志，洋溢着蓬勃的朝气和力量。全诗紧扣"望"字,从远望写到近望,再写到凝望和俯望,气势雄浑、昂扬有力。

首联,平稳诵出,疑问语气要明显,以便引领下文。"青未了"可以用虚声,以体现泰山的高大。颔联,"造化钟神秀"一句采用实声,表现泰山的神奇秀丽。"阴阳割昏晓"加入虚声成分。颈联,"荡胸生曾云"依然用虚声表达,给人以云雾缭绕之感。"决眦入归鸟",运用实声,突出画面感。尾联,是全诗朗诵的重点,"凌"字处于波峰类语势的最高点,"一览众山小"运用下山类语势,这两句更要气息充足、语气豪迈、节奏高亢,充分表达诗人的壮阔胸怀!

十九、月夜

月夜
（唐·杜甫）

今夜鄜州月,闺中只独看。
遥怜小儿女,未解忆长安。
香雾云鬟湿,清辉玉臂寒。
何时倚虚幌,双照泪痕干。

朗诵提示:唐代"安史之乱"时期,诗人被叛军所俘,送到已经沦陷的长安,月夜思乡,写下这首诗歌。这首诗歌角度独特,从妻子对自己的思念写起,不仅流露出诗人对亲人的思念之情,而且透露了诗人忧国忧民、心怀天下的感伤。

首联,开篇点题,描写妻子对自己的思念,突出孤独的情绪;颔联,"遥怜小儿女,未解忆长安",从孩子的角度反衬妻子的孤寂。这两联,在朗诵时,语流较缓、音色暗淡、节奏低沉,突出"独""遥怜""未解"等词语。颈联和尾联,强调"湿""寒""何时""倚""双照""泪痕"等词语,朗诵时,语速逐渐加快,音量逐渐加强,到"何时倚虚幌"时,音量最强,情感最为激烈,"双照"二字后,做一停顿,缓慢诵出"泪痕干",给人结束之感、回味的空间。

二十、旅夜书怀

旅夜书怀
（唐·杜甫）

细草微风岸，危樯独夜舟。
星垂平野阔，月涌大江流。
名岂文章著，官应老病休。
飘飘何所似，天地一沙鸥。

朗诵提示：这首诗歌，既写了旅途风情，又体现了作者老年多病、漂泊无依的心境，沉郁顿挫、饱含沧桑。

诗的前四句写景，后四句抒怀。首联，写近景，朗诵时，突出"独"字，呈现当时的寂静、孤独的环境，语气缓慢、音色较暗。颔联，写远景，"星垂平野阔"，采用下山类语势，朗诵时，突出"平""阔"等字，以体现原野的广阔之感；"月涌大江流"，也用下山类语势，朗诵时，强调"涌""大""流"等词语，以表现江流的浩荡。这两句，朗诵时，格调高昂、气息充沛、语气恢宏。颈联，朗诵时，强调"岂""应"两个字，以体现反问语气和无奈语气；尾联，朗诵时，突出"何""天地""沙鸥"等词语，有一定的力度，表达孤苦漂泊之感。

二十一、登岳阳楼

登岳阳楼
（唐·杜甫）

昔闻洞庭水，今上岳阳楼。
吴楚东南坼，乾坤日夜浮。
亲朋无一字，老病有孤舟。
戎马关山北，凭轩涕泗流。

朗诵提示：这首诗，是杜甫的五律名篇，意境雄浑阔大、风格沉郁顿挫。

首联，叙述登上岳阳楼的情形，朗诵时，语流平稳，娓娓道出，着力较小。颔联，描写洞庭湖的浩瀚无边、气象雄阔，朗诵时，突出"东南""乾坤"等字，高昂有力、气势恢宏。颈联，写杜甫的政治生活坎坷，漂泊天涯，怀才不遇、老年多病，朗诵时，音色暗淡、语流较慢、低沉哀婉、气息较弱。尾联，写国家动荡不安，自己报国无门的哀伤。"戎马关山北"一句，朗诵时，要体现出时势的变化、国家的危难，语势拔高、节奏紧张，音量较大；"凭轩涕泗流"一句，朗诵时，应语速较慢，语调哀伤，缓缓结尾。

二十二、回乡偶书二首·其一

回乡偶书二首·其一
（唐·贺知章）

少小离家老大回，乡音无改鬓毛衰。
儿童相见不相识，笑问客从何处来。

朗诵提示：唐玄宗天宝三载（744年），86岁的贺知章辞官回乡。这首诗，是他初到家时的一个场面，流露出他思念家乡的强烈之情。

朗诵时，第一句，突出"少小""老大"，前者用虚声，后者用实声，虚实对比，隐含人生已老之意，第二句，强调"乡音""鬓毛"等词语，也形成对比，表达世事沧桑之感；第三句，语速加快、节奏轻快、体现儿童的天真烂漫、纯朴可爱；"笑问客从何处来"一句中，"笑""何处"是重音，突出儿童对作者的陌生感、新奇感，同时隐含了诗人内心的一丝丝苦涩。

二十三、咏柳

咏柳
（唐·贺知章）

碧玉妆成一树高，万条垂下绿丝绦。
不知细叶谁裁出，二月春风似剪刀。

朗诵提示：这首诗，修辞巧妙，运用了比喻、拟人的修辞手法。借赞美柳树歌咏春风，说春风是美的创造者，裁出了春天。另外，构思精巧，先总写柳树的整体印象，后分写柳丝、柳叶，语言流畅华美，情感真挚自然。

朗诵时，第一句，用上山类语势，突出"一树"高，亭亭玉立；第二句，采用下山类语势，"万条""垂"字应为重音，其中"万条"用虚声，凸显其多，"垂"字实声，表现其动感，可适当拉长声音；"不知细叶谁裁出"，采用半起类语势，要有疑问语气；"二月春风似剪刀"一句，语速适中，要有"原来如此"的感觉。

二十四、凉州词二首·其一

凉州词二首·其一
（唐·王之涣）

黄河远上白云间，一片孤城万仞山。
羌笛何须怨杨柳，春风不度玉门关。

朗诵提示：这首脍炙人口的凉州词是王之涣的代表作之一。诗中，描写了边塞之春的景象，视野广阔、语气豪壮、苍凉粗犷。

朗诵时，第一句，宜用上山类语势，突出"远上"二字，虚声，给人由近及远、辽阔广袤的感觉；第二句，强调"孤城""万仞"等字，采用波峰类语势，意在表现山之高危、城之孤耸，以及戍边战士的不易；"羌笛何须怨杨柳"一句，一气呵成，连在一起，"怨杨柳"为重音；最后一句，用波峰类语势，"不度"为最高点，"玉门关"语势下降，语速较缓，低沉苍凉。

二十五、出塞

出塞
（唐·王昌龄）

秦时明月汉时关，万里长征人未还。
但使龙城飞将在，不教胡马度阴山。

朗诵提示：这首诗，描写了边战不断、国无良将的境况，反映了广大人民要求平定边患，享受安定生活的美好愿望，意境雄浑苍凉、悠远深邃，是一首难得的好诗。

朗诵时，第一句"秦时明月汉时关"，采用互文手法、波峰类语势，突出"明月"二字，"汉时关"语调下降，表现城关的雄壮、苍凉；第二句，"万里长征"是重音，语速较慢，语调低沉；第三句，采用上山类语势，语速加快，实声；最后一句，下山类语势，态度坚定、铿锵有力，"度阴山"三字，更是落地有声，加强音量，强收缓收。

二十六、芙蓉楼送辛渐

芙蓉楼送辛渐
（唐·王昌龄）

寒雨连江夜入吴，平明送客楚山孤。
洛阳亲友如相问，一片冰心在玉壶。

朗诵提示：这是王昌龄的一首送别诗。朋友之间的离情别绪写得较淡，诗人自己的高风亮节写得较浓。构思巧妙，景中有情，情寓景中，令人回味无穷。

朗诵时，第一句，强调"寒""夜"两字，主要写茫茫的江雨，在寒冷的夜晚袭击吴地，平缓诵出，节奏较慢；第二句，突出"送""孤"等字，意在表现楚山的孤峙，朋友走后诗人自己的孤寂，音色较暗，格调低沉。这两句总写送别的环境氛围和凄凉背景。朗诵时，第三句情词恳切、感情真挚，语速可以适当加快，句尾扬起；第四句，主要是诗人表达自己的心迹，态度明朗，用声明丽，突出"在玉壶"三字，坚决肯定，语势平稳，重读收尾。

二十七、九月九日忆山东兄弟

九月九日忆山东兄弟
（唐·王维）

独在异乡为异客，每逢佳节倍思亲。
遥知兄弟登高处，遍插茱萸少一人。

朗诵提示：这是一首羁旅行役诗，是王维的代表作之一，主要写了重阳佳节诗人的思乡怀亲之情。

前两句，主要写诗人自己对家乡亲人的思念，后两句主要写亲人登高、少了一人，暗含亲人对作者的思念。这两种思念揉在一起，表现了人世间美好的亲情。

朗诵时，第一句中强调"独""异"两字，"独"字可适当拖音，以体现诗人的孤独之久；第二句中突出"佳节""倍"等字，"倍"字用声着力，适当拖音，以表现思念程度的加深；第三句，运用上山类语势，"遥知"是重音，"登高处"达到语势的最高点；第四句凸显"遍""少"二字，采用下山类语势，表达了诗人孤独苦寂、思乡恳切的情感。

二十八、送元二使安西

送元二使安西
（唐·王维）

渭城朝雨浥轻尘，客舍青青柳色新。
劝君更尽一杯酒，西出阳关无故人。

朗诵提示：这是一首送别诗，又名《赠别》，后来，有乐人谱曲，名为"阳关三叠"，又称"渭城曲"。

前两句主要写送别的时间、地点、环境气氛，后两句写送别的话语，言辞恳切、情感真挚、感人至深！

朗诵时,第一句平缓诵出,强调"朝""浥"两字,"浥"字拖长声音,表现雨的动作感和形象感;第二句中"客""柳""新"是重音,变换着力,形成声律美;第三句要有深情劝酒之感,言辞恳切,"劝君""更尽"着力强调;第四句,要包含依依惜别之意,"无故人"应着意突出,缓缓收尾。

二十九、望庐山瀑布

望庐山瀑布
(唐·李白)

日照香炉生紫烟,遥看瀑布挂前川。
飞流直下三千尺,疑是银河落九天。

朗诵提示:这首诗是一首脍炙人口的诗歌,也是李白的名篇之一,主要描绘了庐山瀑布的壮丽和奇特,抒发了作者对祖国大好河山的热爱和赞美之情。

朗诵时,第一句,强调"生"字,拖音,拔高,音色由实至虚,体现画面感;第二句,采用下山类语势,突出"挂"字,拖长声音,虚声,体现瀑布的雄伟壮丽和动态气势;第三句,采用波峰类语势,语速加快,"三千"是重音,处于最高点,突出瀑布飞流直下、壮阔雄丽的气势;第四句,运用下山类语势,"落"字是重音,拖长、着力,以表现瀑布的动态感和形象感。

三十、凉州词二首·其一

凉州词二首·其一
(唐·王翰)

葡萄美酒夜光杯,欲饮琵琶马上催。
醉卧沙场君莫笑,古来征战几人回。

朗诵提示:这首诗是一首边塞征战诗,历来为人们所传颂。通过描写饮酒侧面烘托战争,表现了戍边将士们的英勇杀敌、豪迈乐观的精神面貌。基调豪放舒展、节奏高亢壮美。

朗诵时，第一句，强调"美酒"二字，可适当放缓，语调平实，语速适中；第二句，叙述战事突如其来、气氛紧张，语速加快、力度加强，"琵琶""马上催"是重音，着力强调；第三句，"醉卧沙场君莫笑"，要有醉意朦胧的感觉，同时体现出将士们豪迈潇洒、杀敌报国的精神面貌，气息充沛、发自肺腑，"醉卧""君莫笑"是重音，着力强调；第四句，和第三句的感觉相近，"几人回"是重音，结尾时，一字一顿，强收慢收。

三十一、别董大

别董大
（唐·高适）

千里黄云白日曛，北风吹雁雪纷纷。
莫愁前路无知己，天下谁人不识君？

朗诵提示：这是一首送别诗，前两句写景，后两句抒情。一般的送别诗，都缠绵悱恻、充满离情别绪，而这一首却豪迈潇洒，给人以鼓舞激励之感！

诗的前两句，气势恢宏、视野广阔、景象丰富，营造了送别的背景和氛围。落日、黄云、北风、寒雁、大雪等，给人冷寂的伤感。"千里""纷纷"等字，朗诵时，可做重音进行强调，有虚声成分，渲染气氛。后两句，是对友人的肺腑之言，诚挚恳切、充满鼓舞激励之情。"莫愁""无""知己""谁""君"等应该是重音，朗诵时，语调铿锵有力、音色明亮、增强力度、坚定自信、斩钉截铁！

三十二、江畔独步寻花

江畔独步寻花
（唐·杜甫）

黄四娘家花满蹊，千朵万朵压枝低。
留连戏蝶时时舞，自在娇莺恰恰啼。

朗诵提示：公元 760 年，杜甫饱经离乱之后，暂居四川成都，在西郊浣花溪畔建成草堂，有了安居之所，心情也较平和。次年春暖花开，他独自一人在江畔寻花、赏花，写下了此诗。

朗诵时，第一句，突出"满"字，点明黄四娘家的花儿之多，"满"字重读；第二句，重点在一个"压"字，表明黄四娘家的花儿之盛，"压"字是重音，可采用虚声处理；第三、四句，写蝴蝶和鸟儿在花间翩翩起舞、欢快歌唱，从侧面又一次衬托了花儿之多、之盛，语气要显得轻灵、喜悦，和诗人的心境相得益彰。

三十三、枫桥夜泊

枫桥夜泊
（唐·张继）

月落乌啼霜满天，江枫渔火对愁眠。
姑苏城外寒山寺，夜半钟声到客船。

朗诵提示："安史之乱时"，张继避乱江苏苏州，漂泊不定。一个秋天的夜晚，他面对江南的幽美秋色，写下这首诗歌。全诗有声有色、有静有动、有情有景，情景交融，意境深远。

第一句，一个"霜"字点明时间是深秋季节，"月落"交代的是深夜时分。第二句中的"愁"字是全诗的诗眼，可以想象作者的心情是愁苦烦闷的，此时，他或许正在忧虑时态，或许正在思念家乡亲人，或许正在忧国忧民……总之，诗人的情怀是凄苦的，难以排解。第三、四两句，描写了深夜时分，寒山寺的钟声飘到客船、敲击诗人心灵的情景，更加具体地表明了诗人深夜难眠、忧愁满怀。朗诵时，"霜""愁""夜半""客船"等词语都是重音，声音暗淡、语速较缓，充分体现诗人的羁旅之愁、复杂心绪。

三十四、滁州西涧

滁州西涧
（唐·韦应物）

独怜幽草涧边生，上有黄鹂深树鸣。
春潮带雨晚来急，野渡无人舟自横。

朗诵提示：这首诗是公元781年韦应物担任滁州刺史时所做。他生性高洁、喜爱幽静、好写诗文，该诗就是他的代表作之一。诗中写景如画、意境深邃，反映了诗人超脱恬淡的襟怀。

朗诵时，第一句，语势较平，重点在"怜"和"幽"字上；第二句，采用上山语势，重读"黄鹂"和"鸣"两字；第三句，语速较快，"急"字要有力度；第四句，语速又变得慢了下来，突出"无人"和"自"字。

三十五、乌衣巷

乌衣巷
（唐·刘禹锡）

朱雀桥边野草花，乌衣巷口夕阳斜。
旧时王谢堂前燕，飞入寻常百姓家。

朗诵提示：这是刘禹锡的怀古名篇之一。

诗的前两句写朱雀桥边野草丛丛、野花点点，乌衣巷口残垣断壁、夕阳西下，说明了旧时的繁华已经荡然无存；后两句写王导、谢安这些达官贵人堂前的燕子飞入平常的人家，反映了世事沧桑、人生多变。全诗话语虽浅，却意蕴丰厚。朗诵时，前两句语速较慢，突出历史的沧桑感；第三句语速较快，引领下文，"旧时"重读；第四句语速又变慢，"飞入"后可稍作停顿，接着诵出后文，"寻常百姓家"是重点，要着重强调。另外，还要注意三、四两句的对比变化。

三十六、离思

离思
（唐·元稹）

曾经沧海难为水，除却巫山不是云。
取次花丛懒回顾，半缘修道半缘君。

朗诵提示：这是一首悼亡诗，是元稹追悼亡妻韦丛所做。采用了巧比曲喻的写法，表达了诗人对亡妻的深深思恋之情。用水、云、花来比人，曲折委婉、含而不露、意境深远、耐人寻味。

朗诵时，我们要把本诗的追悼之情充分表达出来，第一句用波谷类语势，突出"沧海"二字；第二句用波峰类语势，"巫山"二字是重点；第三句中，"懒"字要读出慵懒之意；第四句缓缓诵出，语意坚定。

三十七、泊秦淮

泊秦淮
（唐·杜牧）

烟笼寒水月笼沙，夜泊秦淮近酒家。
商女不知亡国恨，隔江犹唱后庭花。

朗诵提示：这首诗前两句写景、叙事，后两句抒情，讽刺了那些不知亡国之恨、醉生梦死的晚唐统治者。文字精练、沉郁顿挫、寓情于景、意境悲凉。

朗诵时，第一句中的"寒"字为重点，要读出寒冷凄凉之意；第二句语速较慢；第三句要强调"不知"和"恨"字，重读；第四句的"犹"和"后庭花"为重音，要读出感伤、无奈之意。

三十八、夜雨寄北

夜雨寄北
（唐·李商隐）

君问归期未有期，巴山夜雨涨秋池。
何当共剪西窗烛，却话巴山夜雨时。

朗诵提示：这是李商隐在巴蜀之地写给远方的妻子或友人的一首诗，是诗人给对方的复信。

前两句主要阐发了诗人的孤寂和对妻子的思念之情；后两句设想将来欢聚谈心的喜悦之情，反衬今夜的孤寂。全诗构思巧妙、言短情长。朗诵时，前两句如同说话，有很强的对象感，语气自然、不必着力，但要突出孤寂之意；后两句满怀喜悦之情，重在想象将来，第三句和第四句要连接紧密，似乎一气吐出。

三十九、题西林壁

题西林壁
（宋·苏轼）

横看成岭侧成峰，远近高低各不同。
不识庐山真面目，只缘身在此山中。

朗诵提示：这是一首写景诗，又是一首哲理诗。明白如话，哲理深刻，千百年来一直为人传颂。

朗诵时，第一句中的"横"字可适当拉长，"侧"字缩短，轻巧吐出；第二句中的"远近高低"四字，可一字一顿，突出从不同角度观赏庐山有不同的感受；第三句语速较快，"真"字重读；第四句的"缘"字是重点，可着力。

四十、十一月四日风雨大作

十一月四日风雨大作
（宋·陆游）

僵卧孤村不自哀，尚思为国戍轮台。
夜阑卧听风吹雨，铁马冰河入梦来。

朗诵提示：这是陆游 68 岁时的作品，全诗洋溢着爱国主义情愫。当时诗人虽已年迈，但报效祖国情怀丝毫未减。

朗诵时，第一句中的"不自哀"是重音；第二句的"尚""戍"两字要着力；第三句，语速加快、富有气势，以突出风雨大作的恶劣环境；第四句写的是诗人在梦中实现了自己的理想，耐人寻味，朗诵时，要节奏高昂，音量增大、音色明丽！

四十一、石灰吟

石灰吟
（明·于谦）

千锤万凿出深山，烈火焚烧若等闲。
粉骨碎身浑不怕，要留清白在人间。

朗诵提示：这首诗采用拟人手法托物言志，表达诗人磊落的襟怀和崇高的人格。语言明白如话，脍炙人口。

朗诵时，前三句层层递进，"千""万""焚烧""等闲""粉身碎骨""不怕"都是重点，要着力，第三句语速较快；第四句中，"清白"是重音，可提高音量，"在人间"一字一顿，充分表达诗人的高风亮节！

四十二、登黄鹤楼

登黄鹤楼
（唐·崔颢）

昔人已乘黄鹤去，此地空余黄鹤楼。
黄鹤一去不复返，白云千载空悠悠。
晴川历历汉阳树，芳草萋萋鹦鹉洲。
日暮乡关何处是？烟波江上使人愁。

朗诵提示：我国古代的四大名楼分别是黄鹤楼、岳阳楼、鹳雀楼、滕王阁。关于这四大名楼，都有名篇问世。崔颢的这首诗就是描写黄鹤楼的名篇。

朗诵时，首联的第一句，采用上山类语势，"去"字是重音，可以拉长声音，增加虚声，来表现怀古之意，第二句，采用下山类语势，突出"空"字，给人惆怅之感；颔联第一句采用波峰类语势，"不复"位于最高点，第二句，突出"空悠悠"三字，以表现作者内心空落之意；颈联两句，语速可以适当加快，音量稍大、音色偏明，强调"历历""萋萋"几个词语；尾联语速变慢，第一句"日暮乡关何处是"中，"何处是"作为重音，语速最慢，且疑问语气加浓，以表现作者的怅惘、孤寂之情，"烟波江上使人愁"一句，语速较前面一句稍快，音色暗淡、情绪渐沉。

四十三、登高

登高
（唐·杜甫）

风急天高猿啸哀，渚清沙白鸟飞回。
无边落木萧萧下，不尽长江滚滚来。
万里悲秋常作客，百年多病独登台。
艰难苦恨繁霜鬓，潦倒新停浊酒杯。

朗诵提示：这首诗，是杜甫晚年漂泊夔州时所作。

前四句写秋景，记述登高所见所闻，描绘了江边的空旷寂寥；后四句抒情，写登高所感，抒发了穷困潦倒、年老多病的无可奈何。

朗诵时，首联第一句，突出一个"哀"字，整句话声音较高，气氛凄凉，第二句，强调"清"字，声音比第一句稍低，音色暗淡，冷寂凄清；颔联，是两句名诗，"萧萧""滚滚"是重音，朗诵时，气势宏伟、视野广阔，"萧萧"可用虚声，"滚滚"拖长声音，以表现江涛的动感；颈联，"万里悲秋常作客"，采用下山类语势，"百年多病独登台"采用上山类语势，"常""独"为重音，这两句表现诗人漂泊流离、年老多病，声音低沉、节奏缓慢；尾联，第一句采用上山类语势，第二句采用下山类语势，突出表现诗人穷困潦倒、命运坎坷的情怀，在"潦倒新停"后面，稍微停顿一下，声断气连，缓慢诵出"浊酒杯"，声音充满无可奈何之感。

四十四、无题（相见时难别亦难）

无题（相见时难别亦难）
（唐·李商隐）

相见时难别亦难，东风无力百花残。
春蚕到死丝方尽，蜡炬成灰泪始干。
晓镜但愁云鬓改，夜吟应觉月光寒。
蓬山此去无多路，青鸟殷勤为探看。

朗诵提示：这首诗，主要描写了诗人与情人的别离之痛和相思之苦。意境朦胧，充满美感。

朗诵时，首联，"相见时难别亦难"，运用波峰类语势，"别"字处于高点，突出离别之苦，"东风无力百花残"，采用下山类语势，"残"字为重音，表现相思之深；颔联两句，语速较快，突出"丝方尽""泪始干"几个字，语气悲苦，音量较小；颈联，"晓镜但愁云鬓改"，强调"愁"字，表达愁楚之意，"夜吟应觉月光寒"，突出"寒"字，表达凄寒之意；尾联，较为明朗，音色较亮。

四十五、山园小梅·其一

山园小梅·其一
（宋·林逋）

众芳摇落独暄妍，占尽风情向小园。
疏影横斜水清浅，暗香浮动月黄昏。
霜禽欲下先偷眼，粉蝶如知合断魂。
幸有微吟可相狎，不须檀板共金樽。

朗诵提示：这首诗，主要描写梅花的美丽姿态和高洁品性，作者以梅自况，表明自己孤高幽逸的生活情趣。

朗诵时，首联，强调"落""独""尽"等字为重音，主要抒发诗人对梅花的赞美之情；颔联两句是名言，广为传诵，把梅花的气质风姿写尽写绝了，声音明朗、语速适中，赞美之情溢于言表；颈联，表明飞禽和蝴蝶对梅花的折服，这是烘托之笔，再次表明梅花的神韵和姿态；尾联，"幸有""不须"等字为重音，再次突出诗人自己和梅花的感情。

第六章　词的朗诵

第一节　分析背景

分析背景就是了解作者创作一首词的背景。对创作背景的分析、把握，有助于朗诵该词。

念奴娇·赤壁怀古
（宋·苏轼）

大江东去，浪淘尽，千古风流人物。故垒西边，人道是，三国周郎赤壁。乱石穿空，惊涛拍岸，卷起千堆雪。江山如画，一时多少豪杰。

遥想公瑾当年，小乔初嫁了，雄姿英发。羽扇纶巾，谈笑间，樯橹灰飞烟灭。故国神游，多情应笑我，早生华发。人生如梦，一尊还酹江月。故国神游，多情应笑我，早生华发。人生如梦，一尊还酹江月。

这首词是苏轼谪居黄州时所写，当时他45岁。苏轼被贬官后，心中无限忧愁无从诉说，于是，四处游山玩水，放纵情绪。正好来到黄州城外的赤鼻矶，此处的壮丽景色让他感触颇多，尤其是周瑜的丰功伟绩，更是让他感到时光易逝、壮志难酬，所以写下这首词。

第二节　理解内容

理解词的内容，是朗诵的关键所在。这里的内容主要指一首词的大意、主旨、基调等。

雨霖铃·寒蝉凄切
（宋·柳永）

寒蝉凄切，对长亭晚，骤雨初歇。都门帐饮无绪，留恋处，兰舟催发。执手相看泪眼，竟无语凝噎。念去去，千里烟波，暮霭沉沉楚天阔。

多情自古伤离别，更那堪冷落清秋节！今宵酒醒何处？杨柳岸，晓风残月。此去经年，应是良辰好景虚设。便纵有千种风情，更与何人说？

全词分上下两阕。上阕主要写一对恋人践行时的难舍难分的离别之情。下阕主要写想象中离别后的凄楚情景。全词基调低沉哀婉、凄凉缠绵。朗诵时，要有身临其境之感，音调低沉。

第三节　确定风格

词有豪放和婉约之分。一般来说，朗诵豪放的词，要高亢、热情、舒展、凝重，气息充沛，语言大起大落，大开大合，酣畅淋漓。朗诵婉约的词，要低沉、凄婉、清寒，气息微弱，声柔音暗。

这是宏观把握，对词风作一粗略划分。具体到每首词，我们还应该进一步作必要分析和确定。例如，李清照的《声声慢》和秦观的《鹊桥仙》都是婉约派的代表作，但是这两首词，在朗诵时，就要具体情况具体对待。《声声慢》主要表达词人愁苦凄凉的心情和处境，朗诵时音调低沉、如泣如诉，而《鹊桥仙》却是讴歌真挚、细腻、纯洁、坚贞的爱情，朗诵时，音调要细腻清新、声音柔和。

第四节　划好句群

　　句群划分，就是把那些构成完整意思的若干分句结合在一起形成一个相对完整的单位。朗诵时，要根据实际情况把这些句群处理好，并由此合成完整的语言表达。

　　下面，以辛弃疾的《永遇乐·京口北固亭怀古》为例，来看一看句群的划分，其中以"/"表示句群间的界限。

永遇乐·京口北固亭怀古
（宋·辛弃疾）

　　千古江山，英雄无觅孙仲谋处。舞榭歌台，风流总被雨打风吹去。/斜阳草树，寻常巷陌，人道寄奴曾住。想当年，金戈铁马，气吞万里如虎。/

　　元嘉草草，封狼居胥，赢得仓皇北顾。/四十三年，望中犹记，烽火扬州路。/可堪回首，佛狸祠下，一片神鸦社鼓。/凭谁问：廉颇老矣，尚能饭否？/

　　划分好句群，我们在朗诵时，就能很好地处理停连，很好地抱团表达，于是，听众就能容易接受。

附：经典词作朗诵提示

一、相见欢·无言独上西楼

相见欢·无言独上西楼
（五代十国·李煜）

　　无言独上西楼，月如钩。寂寞梧桐深院锁清秋。

剪不断，理还乱，是离愁。别是一般滋味在心头。

朗诵提示：这首词是李煜沦为北宋的囚徒时所作。

上阕的中心字眼是"独""锁"两字，萧瑟的清秋，深深的庭院，寂寞的梧桐，如钩的弯月，都给整首词营造了孤独、凄凉的氛围，奠定了全词的冷凄基调。朗诵时，语流放慢，感情悲戚，"独"字、"锁"字重读，给人身临其境之感。

下阕直接抒情，"离愁"二字是中心字眼。其中，用了比喻，把离愁比作丝发或麻线，剪不断、理还乱，最后说，五味杂陈，无以名状，别是一番愁苦、悲哀、悔恨的滋味。朗诵时，"剪不断，理还乱"两句，速度较快，语势上扬，"是离愁"语势下落，稍作停顿后，缓缓诵出"别是一番滋味在心头"，尤其是"在心头"三个字速度更慢、更无奈，以虚声收尾。

二、虞美人·春花秋月何时了

虞美人·春花秋月何时了
（五代十国·李煜）

春花秋月何时了？往事知多少。小楼昨夜又东风，故国不堪回首月明中。
雕栏玉砌应犹在，只是朱颜改。问君能有几多愁？恰似一江春水向东流。

朗诵提示：这首词是李煜的绝命词。据说，李煜写完这首词后，不久就被宋太宗赐酒毒死。后人叹曰"做个才人真绝代，可怜薄命作君王"。

上阕开头，就是一个问句，表面上问春花秋月何时结束，其实是问这样的囚徒生活何时是尽头；接着写美好的往事非常之多、历历在目。这两句形成鲜明对比，艺术性极强。小楼两句也是对比，昨夜春风吹来，自然界的春天即将到来，可是，我的人生春天何时能至，所以，故国的一切赏心乐事不堪回首。

下阕承接上阕，写道雕栏玉砌应该还在，只是人已老去，又是对比。这处处对比、这天壤之别，凝聚成无限愁苦，因此，作者在最后直接抒情，问君到底有多少悲愁、多少悔恨……就像一江春水，向东流去！恰当的比喻，让这首词画龙点睛、锦上添花！

朗诵时,要抓住对比的句子,深切感受,细腻表达。"问君能有几多愁",语势上升,语气强烈;"恰似一江春水向东流",语势回落,诵出极度无奈之感!

三、苏幕遮·碧云天

苏幕遮·碧云天
(宋·范仲淹)

碧云天,黄叶地,秋色连波,波上寒烟翠。山映斜阳天接水,芳草无情,更在斜阳外。

黯乡魂,追旅思。夜夜除非,好梦留人睡。明月楼高休独倚,酒入愁肠,化作相思泪。

朗诵提示:这首词,上阕侧重写秋景,下阕侧重写离愁。境界阔大、感情真挚、引人入胜。

朗诵上阕时,应该具有意境阔远、朦胧怅惘之感,"芳草无情,更在斜阳外"两句,承上启下,渐入愁思之境。

朗诵下阕时,愁楚之情渐浓,一直到该词最后。"酒入愁肠,化作相思泪"两句,语速减慢、缓缓收尾,可用泣语去表现。

四、江城子·乙卯正月二十日夜记梦

江城子·乙卯正月二十日夜记梦
(宋·苏轼)

十年生死两茫茫,不思量,自难忘。千里孤坟,无处话凄凉。纵使相逢应不识,尘满面,鬓如霜。

夜来幽梦忽还乡,小轩窗,正梳妆。相顾无言,惟有泪千行。料得年年肠断处,明月夜,短松冈。

朗诵提示:这首词是苏轼的一首悼亡词。采用了虚实相衬的写法。

上阕实写,主要写了思念爱妻的真挚感情,动人心弦、肝肠寸断!

下阕虚写，主要写作者梦中和爱妻相见，柔情蜜意、眼泪纵横、感人至深。

朗诵时，整首词的基调是凄凉悲苦、愁思百结、意味深长、感人心扉，语速缓慢、声音低沉，要把作者对爱妻的思念之情充分表达出来。

五、江城子·密州出猎

江城子·密州出猎

（宋·苏轼）

老夫聊发少年狂，左牵黄，右擎苍，锦帽貂裘，千骑卷平冈。为报倾城随太守，亲射虎，看孙郎。

酒酣胸胆尚开张。鬓微霜，又何妨！持节云中，何日遣冯唐？会挽雕弓如满月，西北望，射天狼。

朗诵提示：这首词是苏轼豪放词的代表作之一。全诗的焦点在于一个"狂"字。

上阕主要写出猎之"狂"，场面浩大、气势恢宏。朗诵时，"老夫聊发少年狂，左牵黄，右擎苍，锦帽貂裘，千骑卷平冈"，语速较快，潇洒俊逸。"为报倾城随太守"一句慢下来，紧接着"亲射虎，看孙郎"再次发力，豪放舒展、掷地有声。

下阕主要写酒后之"狂"，自信豪迈、英姿飒爽。"鬓微霜，又何妨！持节云中，何日遣冯唐"四句，要朗诵得气势贯通、斩钉截铁、语流较快。"会挽雕弓如满月，西北望"，要为下文做铺垫，语速稍慢。"射天狼"三个字，一字一顿，强烈有声，体现豪放之美和阳刚之气！

六、水调歌头·明月几时有

水调歌头·明月几时有

（宋·苏轼）

丙辰中秋，欢饮达旦，大醉，作此篇，兼怀子由。

明月几时有？把酒问青天。不知天上宫阙，今夕是何年。我欲乘风归去，又恐琼楼玉宇，高处不胜寒。起舞弄清影，何似在人间。

转朱阁，低绮户，照无眠。不应有恨，何事长向别时圆？人有悲欢离合，月有阴晴圆缺，此事古难全。但愿人长久，千里共婵娟。

朗诵提示：这首词也是苏轼的代表作之一，是描写中秋的名篇。

上阕主要写把酒问天，浪漫潇洒。朗诵时，"明月几时有？把酒问青天"，前一句语势较低，后一句高亢；后面几句，抑扬顿挫，高低快慢要有所变化，体现出苏轼的豪放诗风。

下阕主要写人间别离。朗诵时，"转朱阁，低绮户，照无眠"几句，语势由高到低；"不应有恨，何事长向别时圆"，语势渐高，突出疑问语气；"人有悲欢离合，月有阴晴圆缺，此事古难全"，语势为下山类，体现苏轼对人生的参悟；最后两句，献上美好的祝愿，语气从容真诚，豁达明朗。朗诵时，要情真意切、声音洪亮。

七、鹊桥仙·纤云弄巧

鹊桥仙·纤云弄巧
（宋·秦观）

纤云弄巧，飞星传恨，银汉迢迢暗度。金风玉露一相逢，便胜却人间无数。
柔情似水，佳期如梦，忍顾鹊桥归路。两情若是久长时，又岂在朝朝暮暮。

朗诵提示：这首词，细腻传神、格调高雅。借牛郎织女的美丽相聚，来表达作者自己的爱情观，是一首难得的好诗。

上阕主要描写牛郎织女的美丽相聚。语句明丽、意境隽永，朗诵时，要轻松自如，语言明朗，体现出牛郎织女的相见不易和团聚之美。

下阕主要阐述忠贞爱情的真正意蕴。尽管有难舍难分的情状，但是最后两句画龙点睛、成为千古名句。朗诵时，要坚定从容、意味深长！

八、醉花阴·薄雾浓云愁永昼

醉花阴·薄雾浓云愁永昼
（宋·李清照）

薄雾浓云愁永昼，瑞脑销金兽。佳节又重阳，玉枕纱厨，半夜凉初透。东篱把酒黄昏后，有暗香盈袖。莫道不销魂，帘卷西风，人比黄花瘦。

朗诵提示：这首词是李清照的婚后作品，是在思念丈夫赵明诚的心境下写成的。全词笼罩着冷凄寂寥的氛围。

上阕主要写别愁，下阕主要写赏菊情景。

朗诵时，上阕主要体现一个"愁"字和一个"凉"字，语势平稳，音色偏暗，表达每逢佳节倍思亲的情怀。下阕主要体现"魂"字和"瘦"字，"莫道不销魂，帘卷西风，人比黄花瘦"中，前两句可适当加快，最后一句渐慢，体现出思念丈夫的真挚情怀、甜蜜情丝和无奈情绪。

九、满江红·怒发冲冠

满江红·怒发冲冠
（宋·岳飞）

怒发冲冠，凭栏处、潇潇雨歇。抬望眼，仰天长啸，壮怀激烈。三十功名尘与土，八千里路云和月。莫等闲，白了少年头，空悲切！

靖康耻，犹未雪。臣子恨，何时灭！驾长车，踏破贺兰山缺。壮志饥餐胡虏肉，笑谈渴饮匈奴血。待从头、收拾旧山河，朝天阙。

朗诵提示：这是抗金名将岳飞的代表作，是一首激越的爱国主义诗篇。基调高昂、节奏高亢、气势高扬。朗诵时，不仅需要充沛的气力、激扬的情怀，还要注意运用欲快先慢、欲扬先抑、欲重先轻、欲高先低、欲强先弱等手法。

具体说，"怒发冲冠"一句，"冲"字拖音，语势要高，充分体现"怒"的分量；"莫等闲，白了少年头，空悲切"几句，朗诵时，要气势贯通，劝慰有力，"空"字，拖音，声断气不断；"悲切"二字，要突出悲的境况；"靖康耻，犹未雪。臣子恨，何时灭"四句，要速度加快，突出"何时"二字；"驾长车，踏破贺兰山缺"两句，放慢速度，凸显"踏破"二字；"壮志饥餐胡虏肉，笑谈渴饮匈奴血"又加快速度；最后几句，又放慢速度，力度加强，"朝天阙"三字，一字一顿，字字强音，表达作者的豪迈之情、爱国之心、壮志情怀……

十、钗头凤·红酥手

钗头凤·红酥手
（宋·陆游）

红酥手，黄縢酒，满城春色宫墙柳。东风恶，欢情薄。一怀愁绪，几年离索。错，错，错。

春如旧，人空瘦，泪痕红浥鲛绡透。桃花落，闲池阁。山盟虽在，锦书难托。莫，莫，莫！

朗诵提示：爱国诗人陆游和表妹唐婉本是一对恩爱夫妻，然而，陆游的母亲却不喜欢这个儿媳，棒打鸳鸯，逼着他们离婚。随后，各自成立新家。一天，陆游在沈园与唐婉不期而遇。回忆往事，他们恩爱的情景历历在目。陆游悲痛欲绝、愁苦难忍，在沈园的墙上写下这首词。唐婉看后，极度伤心，不久，郁郁而终。

这首词写的就是陆游和唐婉的爱情悲剧。

"红酥手"借手写人，写的是唐婉依旧美丽温柔；"黄藤酒"是写陆游和唐婉共同进餐饮酒；"满城春色宫墙柳"写春色满城、杨柳依依、风景优美。然而，陆游哪有心情饮酒、何来心情赏景，只有一腔悲苦、满怀愁绪，多年的离愁别恨顿时涌上心头。于是，上阕的后几句便水到渠成，和唐婉的分手是天大的错误。

春天依旧美丽，人却憔悴不堪，甚至以泪洗面。无心游赏春光，桃花空落，池阁闲在，一切的一切都成往事。只有悔恨、只有无奈、只有痛苦、只有沉默！

朗诵这首词时，应情绪悲苦、节奏低沉、音色偏暗、语流缓慢，三个"错"字的处理要具有画面感，一错在天，二错在人，三错在一切；处理三个"莫"

字时，也要具有画面感，一莫在过去，二莫在现在，三莫在将来！

十一、卜算子·咏梅

卜算子·咏梅
（宋·陆游）

驿外断桥边，寂寞开无主。已是黄昏独自愁，更著风和雨。
无意苦争春，一任群芳妒。零落成泥碾作尘，只有香如故。

朗诵提示：这首词也是陆游的代表作之一。陆游一生酷爱梅花，在他的笔下，梅花是坚贞不屈、高洁顽强的象征，他也以梅花自比。所以，这首词最大的特点就是借物喻人、托物言志。

上阕主要写梅花生存的恶劣环境，寂寞、孤独、愁苦、饱受风雨的折磨。朗诵时，应节奏低沉、基调暗淡、语言凄苦，突出梅花境遇的惨淡凄凉。

下阕主要写梅花高洁的品质，无意争春、饱受嫉妒，面对化为泥土的死亡，正义凛然、香芬如故、不改初心。朗诵时，要乐观正义、坚强向上，声音色彩明亮、语气坚定！

十二、青玉案·元夕

青玉案·元夕
（宋·辛弃疾）

东风夜放花千树。更吹落、星如雨。宝马雕车香满路。凤箫声动，玉壶光转，一夜鱼龙舞。
蛾儿雪柳黄金缕。笑语盈盈暗香去。众里寻他千百度。蓦然回首，那人却在，灯火阑珊处。

朗诵提示：辛弃疾是宋代豪放派的代表诗人，与苏轼并称"苏辛"，因为和李清照都是济南人，所以并称为"济南二安"。这首词便是他的代表作之一。

词的上阕主要写元宵节夜晚热闹非凡的场面，有灯、烟花、豪车、凤箫、明月等，可见当时氛围多么喧嚣、夜景何等优美。朗诵时，要突出这一场面。语言明丽、基调开阔、气息充沛、语势富于变化，尤其是"东风夜放花千树"一句，更要潇洒豪迈、大开大合。

词的下阕主要写人。元宵节之夜，赏灯游玩的美女如云，同时由于化妆的胭脂粉黛，飘洒着缕缕香气。就在这样的美丽夜晚，主人公正在寻找自己的意中人。历经千百次的寻觅，终于，蓦然回头，却发现她就在灯火阑珊之处。真是"踏破铁鞋无觅处，得来全不费工夫。"朗诵时，"蛾儿雪柳黄金缕。笑语盈盈暗香去"，要轻快、俏皮；"众里寻他千百度。蓦然回首，那人却在，灯火阑珊处"，要连在一起，突出寻觅的艰难、终于觅到的兴奋。在"那人却在"后面做稍长停顿，声断气不断，凸显"灯火阑珊处"，缓缓收尾。

十三、扬州慢·淮左名都

扬州慢·淮左名都
（宋·姜夔）

淳熙丙申至日，予过维扬。夜雪初霁，荠麦弥望。入其城，则四顾萧条，寒水自碧，暮色渐起，戍角悲吟。予怀怆然，感慨今昔，因自度此曲。千岩老人以为有"黍离"之悲也。

淮左名都，竹西佳处，解鞍少驻初程。过春风十里。尽荠麦青青。自胡马窥江去后，废池乔木，犹厌言兵。渐黄昏，清角吹寒。都在空城。

杜郎俊赏，算而今、重到须惊。纵豆蔻词工，青楼梦好，难赋深情。二十四桥仍在，波心荡、冷月无声。念桥边红药，年年知为谁生。

朗诵提示：这首词主要是通过今昔对比来写扬州城的破败和萧条。全诗笼罩着凄凉冷怆氛围，基调冷寂、节奏低沉。

词的上阕主要写战乱以后，扬州城变得萧索、凄寒、破败、冷清，和原来的繁华、名望形成鲜明的对比。朗诵时，音色要有变化，由明丽变暗淡；节奏由舒缓变低沉。

◎朗诵艺术探析

词的下阕主要写即使杜牧重到扬州，也难赋深情，抚今追昔、百感交集。在朗诵时，我们要诵出强烈的对比感，深深地沉重感、鲜明的无奈感，以此体现作者的"黍离之悲"。

十四、临江仙·滚滚长江东逝水

临江仙·滚滚长江东逝水
（明·杨慎）

滚滚长江东逝水，浪花淘尽英雄。是非成败转头空。青山依旧在，几度夕阳红。

白发渔樵江渚上，惯看秋月春风。一壶浊酒喜相逢。古今多少事，都付笑谈中。

朗诵提示：这是一首典型的咏史词，借历史兴亡来抒发人生感慨，豪放高亢，且又含蓄深沉，全词慷慨悲壮、意味深长，读来让人感到热血沸腾。

上阕主要突出"空"字，历史的江水滚滚向前，多少英雄人物、多少是非成败，到头来都是一场空。只有青山不老、夕阳永临。朗诵时，应基调豪放舒展，节奏高亢大气，语言明亮含蓄，让听众感到大开大合、心扉震撼。

下阕主要突出"惯看"二字，意思是渔翁和樵夫已经观清历史、看透人生，世上的一切都只能是付之东流；古今多少往事，都只能是付之笑谈。朗诵时，要超脱、要豁达，同时，也要带有一定的酸楚色彩。

第七章　自由体诗的朗诵

第一节　分析作品

每当我们拿到一篇新作品，都要认真细致地进行分析。在朗诵自由体诗歌前，也不例外。分析作品，有利于我们形之于外。

第二节　确定重音

在朗诵自由体诗歌前，对重音的确定，非常重要。选择好重音，可以使我们的语句目的更加明确，使我们的思想感情更加分明，从而有利于听众接受。

第三节　把握基调

一首诗，总有其典型的感情色彩，这种色彩就是该诗的基调。把握好自由体诗的基调，我们的感情抒发便有了方向，朗诵时才不会盲目抒情。

第四节　诵出特色

一千个读者有一千个哈姆雷特。我们在充分理解诗意、把握作品基调的

◎ 朗诵艺术探析

基础上，要诵出我们自己的特色。这样，我们的朗诵才会有新意、才会启迪听众、才会给听众留下深刻的印象，朗诵艺术才会有生命力。当然，诵出特色不是指脱离诗歌文本，另搞一套。

附：经典自由诗朗诵提示

一、再别康桥

再别康桥
（徐志摩）

轻轻的我走了，
正如我轻轻的来；
我轻轻的招手，
作别西天的云彩。
那河畔的金柳，
是夕阳中的新娘；
波光里的艳影，
在我的心头荡漾。

软泥上的青荇，
油油的在水底招摇；
在康河的柔波里，
我甘心做一条水草！

那榆荫下的一潭，
不是清泉，是天上虹；
揉碎在浮藻间，
沉淀着彩虹似的梦。

寻梦？撑一支长篙，
向青草更青处漫溯；
满载一船星辉，
在星辉斑斓里放歌。

但我不能放歌，
悄悄是别离的笙箫；
夏虫也为我沉默，
沉默是今晚的康桥！

悄悄的我走了，
正如我悄悄的来；
我挥一挥衣袖，
不带走一片云彩。

朗诵提示：这首诗是徐志摩的代表作之一，充分体现了新月派诗歌的特点：绘画美、音乐美、建筑美。诗中表达了诗人对母校康桥的无限热爱和赞美，同时，又充满了依依惜别的情愫，并且带有淡淡的怅惘和忧郁。朗诵时，应节奏舒缓、轻盈清新、情感真挚，要突出诗歌本身的画面感，其中"云彩""金柳""新娘""青荇""水草""天上虹""星辉""笙箫""夏虫"等意象正是再现画面的主要因素，在朗诵的过程中，要触景生情、情景交融！另外，还要注意三个"轻轻的"和两个"悄悄的"，对此要做好不同的艺术处理。

二、我用残损的手掌

我用残损的手掌
（戴望舒）

我用残损的手掌
摸索这广大的土地：
这一角已变成灰烬，
那一角只是血和泥；

◎朗诵艺术探析

这一片湖该是我的家乡,
(春天,堤上繁花如锦幛,
嫩柳枝折断有奇异的芬芳,)
我触到荇藻和水的微凉;
这长白山的雪峰冷到彻骨,
这黄河的水夹泥沙在指间滑出;
江南的水田,你当年新生的禾草
是那么细,那么软……现在只有蓬蒿;
岭南的荔枝花寂寞地憔悴,
尽那边,我蘸着南海没有渔船的苦水……
无形的手掌掠过无限的江山,
手指沾了血和灰,手掌沾了阴暗。
只有那辽远的一角依然完整,
温暖,明朗,坚固而蓬勃生春。
在那上面,我用残损的手掌轻抚,
像恋人的柔发,婴孩手中乳。
我把全部的力量运在手掌
贴在上面,寄与爱和一切希望,
因为只有那里是太阳,是春,
将驱逐阴暗,带来苏生,
因为只有那里我们不像牲口一样活,
蝼蚁一样死……
那里,永恒的中国!

朗诵提示:这首诗是"雨巷诗人"戴望舒在日寇的铁窗下写成的。诗人对苦难的祖国表示担忧、焦虑,同时,又对祖国充满自信和希望。全诗可分为前后两部分,朗诵时,前一部分应节奏低沉、凝重,声音偏暗、语流较缓,以表达祖国的苦难;后一部分(从"无形的手掠过无限的江山"一句开始)应节奏高亢、声音明朗、语流比前一部分稍快,以突出对祖国的赞美和希望,以歌唱解放区的光明和幸福。

三、雪花的快乐

雪花的快乐
（徐志摩）

假如我是一朵雪花，
翩翩的在半空里潇洒，
我一定认清我的方向——
飞扬，飞扬，飞扬——
这地面上有我的方向。

不去那冷寞的幽谷，
不去那凄清的山麓，
也不上荒街去惆怅——
飞扬，飞扬，飞扬——
你看，我有我的方向！

在半空里娟娟地飞舞，
认明了那清幽的住处，
等着她来花园里探望——
飞扬，飞扬，飞扬——
啊，她身上有朱砂梅的清香！

那时我凭借我的身轻，
盈盈地，沾住了她的衣襟，
贴近她柔波似的心胸——
消溶，消溶，消溶——
溶入了她柔波似的心胸！

朗诵提示：这首诗，诗人借飘逸、纯洁、轻盈、潇洒的雪花，抒发了自己对美好生活和爱情的执着追求，借物抒情，意蕴丰厚、意境优美。朗诵时，

◎朗诵艺术探析

应节奏舒缓、语言轻灵、基调柔婉、语速较慢。其中,多次用到了"飞扬"一词,要有高低快慢的变化,还有"消溶"二字,也要有适当的变化。另外,其中的排比句子,也要做艺术化的处理。

四、我的自白书

我的自白书
(陈然)

任脚下响着沉重的铁镣,
任你把皮鞭举得高高,
我不需要什么"自白",
哪怕胸口对着带血的刺刀!
人,不能低下高贵的头,
只有怕死鬼才乞求"自由";
毒刑拷打算得了什么?

死亡也无法叫我开口!
对着死亡我放声大笑,
魔鬼的宫殿在笑声中动摇;
这就是我——一个共产党员的"自白",
高唱凯歌埋葬蒋家王朝!

朗诵提示:这首诗,表达了烈士陈然意志坚定、视死如归的大无畏精神。全诗韵脚严格,气势豪迈,一直为大家喜欢。朗诵时,第一节中,要强调"沉重""高高""不需要""自白""刺刀"等词语,语气坚定、大义凛然;第二节里,需要注意"人""高贵""怕死鬼""乞求""毒刑拷打""死亡"等字词,正气浩然、坚不可摧;第三节中,"放声大笑""魔鬼""动摇""共产党员""埋葬"是重音,要表现得酣畅淋漓、自信潇洒、气势恢宏!

第八章　散文的朗诵

第一节　深入感受，理清思路

　　散文是一种非常自由的文体。思接千里，纵横捭阖，形散神聚。我们在朗诵前，必须深入感受文章，充分调动我们的感官，在视觉、听觉、嗅觉、味觉、触觉等方面进行。例如，朗诵峻青的《海滨仲夏夜》之前，我们就必须对其作深入感受。

　　视觉感受（夕阳落山不久，西方的天空，还燃烧着一片橘红色的晚霞。）

　　听觉感受（海水，轻轻地抚摸着细软的沙滩，发出温柔的刷刷声。）

　　嗅觉感受（夜风轻飘飘地吹拂着，空气中飘荡着一种大海和田禾相混合的香味，柔软的沙滩上还残留着白天太阳炙晒的余温。）

　　触觉感受（晚来的海风，清新而又凉爽。）

　　运动觉感受（因为它是活动的，每当一排排波浪涌起的时候，那映照在浪峰上的霞光，又红又亮，就像一片片霍霍燃烧的火焰，闪烁着，消失了。而后面的一排，又闪烁着，滚动着，涌了过来。）

　　除了深入感受以外，我们还要理清文章的思路，思路集中体现为散文的线索。只有抓住线索，朗诵时才能停连恰当、节奏鲜明。例如，《海滨仲夏夜》的线索主要是时间线索，从夕阳落山写到夜色加浓。我们在朗诵前，理清了这个线索，朗诵时才会游刃有余。

第二节　咀嚼语言，体悟意境

优秀的散文，其语言是非常绝美的，有时如泉水叮咚，有时如溪流淙淙，有时波澜壮阔，有时气吞万里，有时细致入微，有时一字传神……总之，我们应该反复品味优秀散文的语言之美，这样，我们在朗诵时就会读出音乐美、韵律美。例如，朗诵郑莹的《家乡的桥》，就是这样的。

这篇散文，语言优美、措辞考究，通过一弯石桥和雄浑的大桥作对比，反映了家乡的进步、家乡的富裕家乡的伟大变化，从而抒发对生活的热爱、赞美之情。其中，比喻、拟人、排比手法的运用，更使语言生动、形象鲜明。

优秀的散文，都有意境之美。《家乡的桥》也不例外。全文情景交融、情中有景，景中有情，表达了作者对故乡的热爱赞美之情。意境深邃、耐人寻味。

第三节　细腻表达，娓娓道来

优秀的散文，都能深入人的心灵，引人入胜，让人感到心旷神怡、游目骋怀。所以，我们在表达时一定要细腻真实、娓娓道来。例如，朗诵汪国真的《我喜欢出发》，就是这样的。

朗诵这篇散文，我们一定要体悟其中之情理、之哲思，娓娓讲述，细致入微，把作者要表达的哲理、心境体现出来。只有这样，我们的朗诵才算成功。

附：经典散文朗诵提示

一、故都的秋

故都的秋

（郁达夫）

秋天，无论在什么地方的秋天，总是好的；可是啊，北国的秋，却特别地来得清，来得静，来得悲凉。我的不远千里，要从杭州赶上青岛，更要从青岛赶上北平来的理由，也不过想饱尝一尝这"秋"，这故都的秋味。

江南，秋当然也是有的，但草木凋得慢，空气来得润，天的颜色显得淡，并且又时常多雨而少风；一个人夹在苏州上海杭州，或厦门香港广州的市民中间，混混沌沌地过去，只能感到一点点清凉，秋的味，秋的色，秋的意境与姿态，总看不饱，尝不透，赏玩不到十足。秋并不是名花，也并不是美酒，那一种半开、半醉的状态，在领略秋的过程上，是不合适的。

不逢北国之秋，已将近十余年了。在南方每年到了秋天，总要想起陶然亭的芦花，钓鱼台的柳影，西山的虫唱，玉泉的夜月，潭柘寺的钟声。在北平即使不出门去吧，就是在皇城人海之中，租人家一椽破屋来住着，早晨起来，泡一碗浓茶，向院子一坐，你也能看得到很高很高的碧绿的天色，听得到青天下驯鸽的飞声。从槐树叶底，朝东细数着一丝一丝漏下来的日光，或在破壁腰中，静对着像喇叭似的牵牛花（朝荣）的蓝朵，自然而然地也能够感觉到十分的秋意。说到了牵牛花，我以为以蓝色或白色者为佳，紫黑色次之，淡红色最下。最好，还要在牵牛花底，叫长着几根疏疏落落的尖细且长的秋草，使作陪衬。

北国的槐树，也是一种能使人联想起秋来的点缀。像花而又不是花的那一种落蕊，早晨起来，会铺得满地。脚踏上去，声音也没有，气味也没有，只能感出一点点极微细极柔软的触觉。扫街的在树影下一阵扫后，灰土上留下来的一条条扫帚的丝纹，看起来既觉得细腻，又觉得清闲，潜意识下并且

◎ 朗诵艺术探析

还觉得有点儿落寞，古人所说的梧桐一叶而天下知秋的遥想，大约也就在这些深沉的地方。

秋蝉的衰弱的残声，更是北国的特产，因为北平处处全长着树，屋子又低，所以无论在什么地方，都听得见它们的啼唱。在南方是非要上郊外或山上去才听得到的。这秋蝉的嘶叫，在北方可和蟋蟀耗子一样，简直像是家家户户都养在家里的家虫。

还有秋雨哩，北方的秋雨，也似乎比南方的下得奇，下得有味，下得更像样。

在灰沉沉的天底下，忽而来一阵凉风，便息列索落地下起雨来了。一层雨过，云渐渐地卷向了西去，天又晴了，太阳又露出脸来了，著着很厚的青布单衣或夹袄的都市闲人，咬着烟管，在雨后的斜桥影里，上桥头树底下去一立，遇见熟人，便会用了缓慢悠闲的声调，微叹着互答着地说：

"唉，天可真凉了——"（这了字念得很高，拖得很长。）

"可不是吗？一层秋雨一层凉了！"

北方人念阵字，总老像是层字，平平仄仄起来，这念错的歧韵，倒来得正好。

北方的果树，到秋天，也是一种奇景。第一是枣子树，屋角，墙头，茅房边上，灶房门口，它都会一株株地长大起来。像橄榄又像鸽蛋似的这枣子颗儿，在小椭圆形的细叶中间，显出淡绿微黄的颜色的时候，正是秋的全盛时期，等枣树叶落，枣子红完，西北风就要起来了，北方便是沙尘灰土的世界，只有这枣子、柿子、葡萄，成熟到八九分的七八月之交，是北国的清秋的佳日，是一年之中最好也没有的 Golden Days。

有些批评家说，中国的文人学士，尤其是诗人，都带着很浓厚的颓废的色彩，所以中国的诗文里，赞颂秋的文字的特别的多。但外国的诗人，又何尝不然？我虽则外国诗文念的不多，也不想开出帐来，做一篇秋的诗歌散文钞，但你若去一翻英德法意等诗人的集子，或各国的诗文的 Anthology 来，总能够看到许多并于秋的歌颂和悲啼。各著名的大诗人的长篇田园诗或四季诗里，也总以关于秋的部分，写得最出色而最有味。足见有感觉的动物，有情趣的人类，对于秋，总是一样地特别能引起深沉、幽远、严厉、萧索的感触来的。不单是诗人，就是被关闭在牢狱里的囚犯，到了秋天，我想也一定能感到一种不能自已的深情，秋之于人，何尝有国别，更何尝有人种阶级的区别呢？不过在中国，文字里有一个"秋士"的成语，读本里又有着很普遍的欧阳子的《秋声》与苏东坡的《赤壁赋》等，就觉得中国的文人，与秋和关系特别深了，可是这秋的深味，尤其是中国的秋的深味，非要在北方，才感受得到底。

南国之秋，当然也是有它的特异的地方的，比如廿四桥的明月，钱塘江的秋潮，普陀山的凉雾，荔枝湾的残荷等等，可是色彩不浓，回味不永。比起北国的秋来，正像是黄酒之与白干，稀饭之与馍馍，鲈鱼之与大蟹，黄犬之与骆驼。

秋天，这北国的秋天，若留得住的话，我愿把寿命的三分之二折去，换得一个三分之一的零头。

朗诵提示：这篇散文是郁达夫著名的写景抒情散文之一。文中主要写了庭院赏秋、踏蕊觅秋、蝉声啼秋、飞雨点秋、枣果缀秋等景色，描绘了古都北平秋天的"清""静""悲凉"的特点，暗含了作者自己"悲凉"的心境，表达了作者对古都北平和祖国的眷恋、热爱、赞美之情！借景抒情、情景交融！朗诵时，应以低沉型、舒缓型节奏为主，声音偏暗、语速缓慢、基调感伤、意味深长！

二、背影

背影
（朱自清）

我与父亲不相见已二年余了，我最不能忘记的是他的背影。那年冬天，祖母死了，父亲的差使也交卸了，正是祸不单行的日子，我从北京到徐州，打算跟着父亲奔丧回家。到徐州见着父亲，看见满院狼藉的东西，又想起祖母，不禁簌簌地流下眼泪。父亲说，"事已如此，不必难过，好在天无绝人之路！"回家变卖典质，父亲还了亏空；又借钱办了丧事。这些日子，家中光景很是惨淡，一半为了丧事，一半为了父亲赋闲。丧事完毕，父亲要到南京谋事，我也要回北京念书，我们便同行。

到南京时，有朋友约去游逛，勾留了一日；第二日上午便须渡江到浦口，下午上车北去。父亲因为事忙，本已说定不送我，叫旅馆里一个熟识的茶房陪我同去。他再三嘱咐茶房，甚是仔细。但他终于不放心，怕茶房不妥帖；颇踌躇了一会。其实我那年已二十岁，北京已来往过两三次，是没有甚么要紧的了。他踌躇了一会，终于决定还是自己送我去。我两三回劝他不必去；他只说，"不要紧，他们去不好！"

◎ 朗诵艺术探析

  我们过了江，进了车站。我买票，他忙着照看行李。行李太多了，得向脚夫行些小费，才可过去。他便又忙着和他们讲价钱。我那时真是聪明过分，总觉他说话不大漂亮，非自己插嘴不可。但他终于讲定了价钱；就送我上车。他给我拣定了靠车门的一张椅子；我将他给我做的紫毛大衣铺好座位。他嘱我路上小心，夜里警醒些，不要受凉。又嘱托茶房好好照应我。我心里暗笑他的迂；他们只认得钱，托他们只是白托！而且我这样大年纪的人，难道还不能料理自己么？唉，我现在想想，那时真是太聪明了！

  我说道，"爸爸，你走吧。"他往车外看了看，说，"我买几个橘子去。你就在此地，不要走动。"我看那边月台的栅栏外有几个卖东西的等着顾客。走到那边月台，须穿过铁道，须跳下去又爬上去。父亲是一个胖子，走过去自然要费事些。我本来要去的，他不肯，只好让他去。我看见他戴着黑布小帽，穿着黑布大马褂，深青布棉袍，蹒跚地走到铁道边，慢慢探身下去，尚不大难。可是他穿过铁道，要爬上那边月台，就不容易了。他用两手攀着上面，两脚再向上缩；他肥胖的身子向左微倾，显出努力的样子。这时我看见他的背影，我的泪很快地流下来了。我赶紧拭干了泪，怕他看见，也怕别人看见。我再向外看时，他已抱了朱红的橘子望回走了。过铁道时，他先将橘子散放在地上，自己慢慢爬下，再抱起橘子走。到这边时，我赶紧去搀他。他和我走到车上，将橘子一股脑儿放在我的皮大衣上。于是扑扑衣上的泥土，心里很轻松似的，过一会说，"我走了；到那边来信！"我望着他走出去。他走了几步，回过头看见我，说，"进去吧，里边没人。"等他的背影混入来来往往的人里，再找不着了，我便进来坐下，我的眼泪又来了。

  近几年来，父亲和我都是东奔西走，家中光景是一日不如一日。他少年出外谋生，独力支持，做了许多大事。哪知老境却如此颓唐！他触目伤怀，自然情不能自已。情郁于中，自然要发之于外；家庭琐屑便往往触他之怒。他待我渐渐不同往日。但最近两年的不见，他终于忘却我的不好，只是惦记着我，惦记着我的儿子。我北来后，他写了一信给我，信中说道，"我身体平安，惟膀子疼痛利害，举箸提笔，诸多不便，大约大去之期不远矣。"我读到此处，在晶莹的泪光中，又看见那肥胖的，青布棉袍，黑布马褂的背影。唉！我不知何时再能与他相见！

  朗诵提示：这篇散文是朱自清的代表作之一。文中以"背影"为线索，描写了人世间的至情——父子之间的真挚感情。语言朴实，文笔精炼，催人泪下。读完此文，一个典型的父亲的形象跃然纸上，栩栩如生。常言说：父爱如山，的确如此！从中，我们可以看到人世间典型的、伟大的父亲！朗诵时，应节奏凝重而低沉，语速缓慢，情感真挚，基调庄重爱怜、意味深长。尤其是文中出现的四次"背影"，更要朗诵得自然、深情！

三、茶花赋

茶花赋
（杨朔）

久在异国他乡，有时难免要怀念祖国的。怀念极了，我也曾想：要能画一幅画儿，画出祖国的面貌特色，时刻挂在眼前，有多好。我把这心思去跟一位擅长丹青的同志商量，求她画。她说："这可是个难题，画什么呢？画点零山碎水，一人一物，都不行。再说，颜色也难调。你就是调尽五颜六色，又怎么画得出祖国的面貌？"我想了想，也是，就搁下这桩心思。

今年二月，我从海外回来，一脚踏进昆明，心都醉了。我是北方人，论季节，北方也许正是搅天风雪，水瘦山寒，云南的春天却脚步儿勤，来得快，到处早像摧生婆似的正在摧动花事。

花事最盛的去处数着西山华庭寺。不到寺门，远远就闻见一股细细的清香，直渗进人的心肺。这是梅花，有红梅、白梅、绿梅，还有朱砂梅，一树一树的，每一树梅花都是一树诗。白玉兰花略微有点儿残，娇黄的迎春却正当时，那一片春色啊，比起滇池的水来不知还要深多少倍。

究其实这还不是最深的春色。且请看那一树，齐着华庭寺的廊檐一般高，油光碧绿的树叶中间托出千百朵重瓣的大花，那样红艳，每朵花都像一团烧得正旺的火焰。这就是有名的茶花。不见茶花，你是不容易懂得"春深似海"这句诗的妙处的。

想看茶花，正是好时候。我游过华庭寺，又冒着星星点点细雨游了一次黑龙潭，这都是看茶花的名胜地方。原以为茶花一定很少见，不想在游历当中，时时望见竹篱茅屋旁边会闪出一枝猩红的花来。听朋友说："这不算稀奇。要是在大理，差不多家家户户都养茶花。花期一到，各样品种的花儿争奇斗艳，那才美呢。"

我不觉对着茶花沉吟起来。茶花是美啊。凡是生活中美的事物都是劳动创

◎朗诵艺术探析

造的。是谁白天黑夜，积年累月，拿自己的汗水浇着花，像抚育自己儿女一样抚育着花秧，终于培养出这样绝色的好花？应该感谢那为我们美化生活的人。

普之仁就是这样一位能工巧匠，我在翠湖边上会到他。翠湖的茶花多，开得也好，红彤彤的一大片，简直就是那一段彩云落到湖岸上。普之仁领我穿着茶花走，指点着告诉我这叫大玛瑙，那叫雪狮子；这是蝶翅，那是大紫袍……名目花色多得很。后来他攀着一棵茶树的小干枝说："这叫童子面，花期迟，刚打骨朵，开起来颜色深红，倒是最好看的。"

我就问："古语说：看花容易栽花难——栽培茶花一定也很难吧？"

普之仁答道："不很难，也不容易。茶花这东西有点特性，水壤气候，事事都得细心。又怕风，又怕晒，最喜欢半阴半阳。顶讨厌的是虫子。有一种钻心虫，钻进一条去，花就死了。一年四季，不知得操多少心呢。"

我又问道："一棵茶花活不长吧？"

普之仁说："活的可长啦。华庭寺有棵松子鳞，是明朝的，五百多年了，一开花，能开一千多朵。"

我不觉噢了一声：想不到华庭寺见的那棵茶花来历这样大。

普之仁误会我的意思，赶紧说："你不信么？大理地面还有一棵更老的呢，听老人讲，上千年了，开起花来，满树数不清数，都叫万朵茶。树干子那样粗，几个人都搂不过来。"说着他伸出两臂，做个搂抱的姿势。

我热切地望着他的手，那双手满是茧子，沾着新鲜的泥土。我又望着他的脸，他的眼角刻着很深的皱纹，不必多问他的身世，猜得出他是个曾经忧患的中年人。如果他离开你，走进人丛里去，立刻便消逝了，再也不容易寻到他——他就是这样一个极其普通的劳动者。然而正是这样的人，整月整年，劳心劳力，拿出全部精力培植着花木，美化我们的生活。美就是这样创造出来的。

正在这时，恰巧有一群小孩也来看茶花，一个个仰着鲜红的小脸，甜蜜蜜地笑着，唧唧喳喳叫个不休。

我说："童子面茶花开了。"

普之仁愣了愣，立时省悟过来，笑着说："真的呢，再没有比这种童子面更好看的茶花了。"

一个念头忽然跳进我的脑子，我得到一幅画的构思。如果用最浓最艳的朱红，画一大朵含露乍开的童子面茶花，岂不正可以象征着祖国的面貌？我把这个简单的构思记下来，寄给远在国外的那位丹青能手，也许她肯再斟酌一番，为我画一幅画儿吧。

朗诵提示：杨朔的这篇散文，表面写茶花，实则写祖国，写创造美好生活的劳动人民。本文按照茶花—养花人—看花人三个层次来安排结构，托物言志、借景抒情，语言自然、行云流水、颇富神韵。朗诵时，应语调亲切自然、声音明丽流畅、节奏轻快、基调细腻，把其中的神韵充分表达出来！

四、匆匆

匆匆
（朱自清）

　　燕子去了，有再来的时候；杨柳枯了，有再青的时候；桃花谢了，有再开的时候。但是，聪明的，你告诉我，我们的日子为什么一去不复返呢？——是有人偷了他们罢：那是谁？又藏在何处呢？是他们自己逃走了罢：现在又到了哪里呢？

　　我不知道他们给了我多少日子，但我的手确乎是渐渐空虚了。在默默里算着，八千多日子已经从我手中溜去，像针尖上一滴水滴在大海里，我的日子滴在时间的流里，没有声音，也没有影子。我不禁头涔涔而泪潸潸了。

　　去的尽管去了，来的尽管来着；去来的中间，又怎样地匆匆呢？早上我起来的时候，小屋里射进两三方斜斜的太阳。太阳他有脚啊，轻轻悄悄地挪移了；我也茫茫然跟着旋转。于是——洗手的时候，日子从水盆里过去；吃饭的时候，日子从饭碗里过去；默默时，便从凝然的双眼前过去。我觉察他去的匆匆了，伸出手遮挽时，他又从遮挽着的手边过去，天黑时，我躺在床上，他便伶伶俐俐地从我身上跨过，从我脚边飞去了。等我睁开眼和太阳再见，这算又溜走了一日。我掩着面叹息。但是新来的日子的影儿又开始在叹息里闪过了。

　　在逃去如飞的日子里，在千门万户的世界里的我能做些什么呢？只有徘徊罢了，只有匆匆罢了；在八千多日的匆匆里，除徘徊外，又剩些什么呢？过去的日子如轻烟，被微风吹散了，如薄雾，被初阳蒸融了；我留着些什么痕迹呢？我何曾留着像游丝样的痕迹呢？我赤裸裸来到这世界，转眼间也将赤裸裸的回去罢？但不能平的，为什么偏要白白走这一遭啊？

　　聪明的，你告诉我，我们的日子为什么一去不复返呢？

◎ 朗诵艺术探析

朗诵提示：这篇散文，作者告诫人们的是，时间过得太快，我们要珍惜时间。字里行间又流露出淡淡的无奈之意。朗诵时，应基调清新明朗，中等语速，娓娓道来，语气诚恳，充满韵味，让人回味无穷。

五、荷塘月色（节选）

荷塘月色（节选）
（朱自清）

这几天心里颇不宁静。今晚在院子里坐着乘凉，忽然想起日日走过的荷塘，在这满月的光里，总该另有一番样子吧。月亮渐渐地升高了，墙外马路上孩子们的欢笑，已经听不见了；妻在屋里拍着闰儿，迷迷糊糊地哼着眠歌。我悄悄地披了大衫，带上门出去。

沿着荷塘，是一条曲折的小煤屑路。这是一条幽僻的路；白天也少人走，夜晚更加寂寞。荷塘四面，长着许多树，蓊蓊郁郁的。路的一旁，是些杨柳，和一些不知道名字的树。没有月光的晚上，这路上阴森森的，有些怕人。今晚却很好，虽然月光也还是淡淡的。

路上只我一个人，背着手踱着。这一片天地好像是我的；我也像超出了平常的自己，到了另一世界里。我爱热闹，也爱冷静；爱群居，也爱独处。像今晚上，一个人在这苍茫的月下，什么都可以想，什么都可以不想，便觉是个自由的人。白天里一定要做的事，一定要说的话，现在都可不理。这是独处的妙处，我且受用这无边的荷香月色好了。

曲曲折折的荷塘上面，弥望的是田田的叶子。叶子出水很高，像亭亭的舞女的裙。层层的叶子中间，零星地点缀着些白花，有袅娜地开着的，有羞涩地打着朵儿的；正如一粒粒的明珠，又如碧天里的星星，又如刚出浴的美人。微风过处，送来缕缕清香，仿佛远处高楼上渺茫的歌声似的。这时候叶子与花也有一丝的颤动，像闪电般，霎时传过荷塘的那边去了。叶子本是肩并肩密密地挨着，这便宛然有了一道凝碧的波痕。叶子底下是脉脉的流水，遮住了，不能见一些颜色；而叶子却更见风致了。

月光如流水一般，静静地泻在这一片叶子和花上。薄薄的青雾浮起在荷塘里。

叶子和花仿佛在牛乳中洗过一样；又像笼着轻纱的梦。虽然是满月，天上却有一层淡淡的云，所以不能朗照；但我以为这恰是到了好处——酣眠固不可少，小睡也别有风味的。月光是隔了树照过来的，高处丛生的灌木，落下参差的斑驳的黑影；弯弯的杨柳的稀疏的倩影，却又像是画在荷叶上。塘中的月色并不均匀；但光与影有着和谐的旋律，如梵婀玲上奏着的名曲。

荷塘的四面，远远近近，高高低低都是树，而杨柳最多。这些树将一片荷塘重重围住；只在小路一旁，漏着几段空隙，像是特为月光留下的。树色一例是阴阴的，乍看像一团烟雾；但杨柳的丰姿，便在烟雾里也辨得出。树梢上隐隐约约的是一带远山，只有些大意罢了。树缝里也漏着一两点路灯光，没精打采的，是渴睡人的眼。这时候最热闹的，要数树上的蝉声与水里的蛙声；但热闹是它们的，我什么也没有。

忽然想起采莲的事情来了。采莲是江南的旧俗，似乎很早就有，而六朝时为盛；从诗歌里可以约略知道。采莲的是少年的女子，她们是荡着小船，唱着艳歌去的。采莲人不用说很多，还有看采莲的人。

于是又记起《西洲曲》里的句子：采莲南塘秋，莲花过人头；低头弄莲子，莲子清如水。今晚若有采莲人，这儿的莲花也算得"过人头"了；只不见一些流水的影子，是不行的。这令我到底惦着江南了。——这样想着，猛一抬头，不觉已是自己的门前；轻轻地推门进去，什么声息也没有，妻已睡熟好久了。

朗诵提示：这篇散文是朱自清的散文名篇之一，把荷塘上的月色和月光下的荷塘写得惟妙惟肖、引人入胜。朗诵时，应基调细腻清新、意味深长，语速舒缓，语气亲切，包含感情。尤其是第四、五、六段，是全文的重点，修辞手法丰富多样，沁人心脾，朗诵时，一定要情景交融，浑然一体，给听众美的享受。

六、松树的风格

松树的风格
（陶铸）

我对松树怀有敬畏之心不自今日始，自古以来，多少人就歌颂过它、赞美过它，把它作为崇高的品质的象征。

◎朗诵艺术探析

　　你看它不管是在悬崖的缝隙间也好，不管是在贫瘠的土地上也好，只要有一粒种子——这粒种子也不管是你有意种植的，还是随意丢落的，也不管是风吹来的，还是从飞鸟的嘴里跌落的。总之，只要有一粒种子，它就不择地势，不畏严寒酷热，随处茁壮地生长起来了。它既不需要谁来施肥，也不需要谁来灌溉，狂风吹不倒它，洪水淹不没它。严寒冻不死它，干旱旱不坏它，它只是一味地无忧无虑地生长，松树的生命力可谓强矣！松树要求于人的可谓少矣！这是我每看到松树油然而生敬意的原因之一。

　　我对松树怀有敬意的更重要的原因却是它那种自我牺牲的精神。你看，松树是用途极广的木材，并且是很好的造纸原料；松树的叶子可以提制挥发油，松树的脂液可制松香、松节油是很重要的工业原料，松树的根和枝又是很好的燃料。

　　更不用说在夏天，它用自己的枝叶挡住炎炎烈日，叫人们在如盖的绿荫下休憩，在黑夜，它可以劈成碎片做成火把，照亮人们前进的路，总之一句话，为了人类，它的确是做到了"粉身碎骨"的地步了。

　　要求于人的甚少，给予人的甚多，这就是松树的风格。

　　鲁迅先生说的"我吃的是草，挤出来的是血"。也正是松树风格的写照。自然，松树的风格中还包含着乐观主义的精神。你看它无论在严寒霜雪中和盛夏烈日中，总是精神奕奕，从来都不知道什么叫做忧郁和畏惧。

　　我常想：杨柳婀娜多姿，可谓妩媚极了。桃李绚烂多彩，可谓鲜艳极了。但它们只是给人一种外表好看的印象，不能给人以力量。松树却不同，它可能不如杨柳与桃李那么好看，但它却给人以启发，以深思和勇气。尤其是想到它那种崇高的风格的时候，不由人不油然而生敬意。

　　我每次看到松树，想到它那种崇高的风格的时候，就联想到共产主义风格。

　　我想，所谓共产主义风格，应该就是要求人的甚少，而给予人的却甚多的风格。所谓共产主义风格，应该就是为了人民的利益和事业不畏任何牺牲的风格。每一个具有共产主义风格的人，都应该像松树一样，不管在怎样恶劣的环境下，都能茁壮地生长、顽强地工作。永不被困难吓倒，永不屈服于恶劣环境。每一个具有共产主义风格的人，都应该具有松树那样的崇高品质，人们需要我们做什么，我们就去做什么，只要是为了人民的利益，粉身碎骨，赴汤蹈火也在所不惜。而且毫无怨言，永远浑身洋溢着革命的乐观主义的精神。

　　具有这种共产主义风格的人是很多的，在革命艰苦的年代里，在白色恐怖的日子里，多少人不管环境的恶劣和情况的险恶，为了人民的幸福，他们忍受了多少的艰难困苦，做了多少有意义的工作！他们贡献出所有的精力，甚至最宝贵的生命，就是在他们临牺牲的一刹那间，他们想的不是自己，而是人民和祖国甚至全世界的将来。然而，他们要求于人的是什么呢？什么也没有，这不由得使我们想起松树的崇高的风格！

目前，在社会主义革命和社会主义建设的日子里。多少人不顾个人的得失，不顾个人的辛劳，夜以继日，废寝忘食，为加速我们的革命和建设而不知疲倦地苦干着，在他们的意念中，一切都是为了把社会主义革命进行到底，为了迅速改变我国"一穷二白"的面貌，为了使人民的生活过得更好，这又不由得使我们想起松树的崇高的风格。

朗诵提示：本文采用了借物喻人的写法。松树具有顽强的生命力、具有勇于自我牺牲的精神、具有共产主义风格……这也是我们每个中国人应该具有的品格！作者借赞美松树，来歌颂社会主义革命和建设中那些像松树一样的人。朗诵时，对松树和具有共产主义风格的人要充满敬意，要情真意切，中度语速，娓娓道来！

七、可爱的中国

可爱的中国（节选）
（方志敏）

朋友！中国是生育我们的母亲。你们觉得这位母亲可爱吗？我想你们是和我一样的见解，都觉得这位母亲是蛮可爱蛮可爱的。

以言气候，中国处于温带，不十分热，也不十分冷，好像我们母亲的体温，不高不低，最适宜于孩儿们的偎依。

以言国土，中国土地广大，纵横万数千里，好像我们的母亲是一个身体魁大、胸宽背阔的妇人。

中国土地的生产力是无限的；地底蕴藏着未开发的宝藏也是无限的；又岂不象征着我们的母亲，保有着无穷的乳汁，无穷的力量，以养育她四万万的孩儿？我想世界上再没有比她养得更多的孩子的母亲吧。

中国是无地不美，到处皆景，这好像我们的母亲，她是一个天姿玉质的美人，她的身体的每一部分，都有令人爱慕之美。

◎ 朗诵艺术探析

　　中国海岸线之长而且弯曲，照现代艺术家说来，这象征我们母亲富有曲线美吧。

　　中国民族在很早以前，就造起了一座万里长城和开凿了几千里的运河，这就证明中国民族伟大无比的创造力！

　　中国在战斗之中一旦得到了自由与解放，这种创造力将会无限的发挥出来。到那时，中国的面貌将会被我们改造一新。

　　到那时，到处都是活跃跃的创造，到处都是日新月异的进步。

　　欢歌将代替了悲叹，笑脸将代替了哭脸。

　　富裕将代替了贫穷，康健将代替了疾苦。

　　智慧将代替了愚昧，友爱将代替了仇杀。

　　生之快乐将代替了死之悲哀，明媚的花园，将代替了凄凉的荒地！

　　这时，我们民族就可以无愧色的立在人类的面前，而生育我们的母亲，也会最美丽地装饰起来，与世界上各位母亲平等的携手了。这么光荣的一天，决不在辽远的将来，而在很近的将来！

　　这么光荣的一天，决不在辽远的将来，而在很近的将来！

　　朗诵提示：这篇散文，把祖国比作母亲，淋漓尽致地写了母亲的可爱。其中，祖国温热的气候，好比母亲的体温；祖国博大的土地，好比母亲魁大的身材；祖国无尽的宝藏，还比母亲的乳汁；祖国的海岸线，好比母亲身体的曲线美……另外，还赞美了祖国的伟大创造力；同时，还展望了祖国母亲美好的将来。字里行间，充满了自豪和骄傲。朗诵时，基调应是庄重的、舒缓的，语气应是柔和的、自信的，要把对祖国母亲的无限爱恋之情表达出来！

附录　杨云宏的原创作品

一、军营男子汉

军营男子汉

当春风拂过青青的山岗
当我步入意气盎然的年龄
在一个晨曦微露的黎明
我怀揣着多年的梦
走进绿色军营
终于，成为一名人民的士兵

初来乍到
一切都很新鲜
就连梦中的笑也那么灿烂
初来乍到
一切都很美好
再苦的锻炼也那么香甜

可是
一小段生活还没有过完
我的思想就发生了改变
脚渗出了血，手磨出了茧

◎ 朗诵艺术探析

　　腰酸背疼，浑身发软
　　我感到了后悔，感到了艰难
　　后悔当初的想法太过简单，
　　曾经的梦变成了碎片

　　我开始想念家乡，想念爹娘
　　想念村前的小河，河边的白杨
　　想念山上的野花，花儿散着香
　　想念那一片麦田，田里的牛羊
　　想念童年的伙伴，伙伴们可爱的脸庞
　　想念邻家的炊烟，还有那位美丽的姑娘
　　日思夜想，泪水流满枕旁
　　日思夜想，焦虑萦绕心上

　　连长的话语重心长
　　他说人民的士兵绝不是孬种
　　没有顽强的毅力就不要走进军营
　　既然穿上了橄榄绿
　　就要为祖国陷阵冲锋
　　既然做着军旅的梦
　　就要踏踏实实走好人生

　　不经一番寒彻骨
　　哪得梅花扑鼻香
　　我要为梦想插上翅膀
　　我要像雄鹰展翅翱翔
　　我要为信念增添力量
　　我要让生命吐露芬芳

　　摸爬滚打中我找到了方向
　　春夏秋冬里我茁壮成长
　　再也不怕刀山火海

再也不怕雨骤风狂
再也不怕雷电交加
再也不怕冰雹雪霜
我一路跋涉一路拼搏
一路磨练一路歌唱
经常受到连长的表扬
多次得到军营的勋章
有一天
我还当上了排长
没有辜负闪亮的钢枪

小草长成了大树
幼苗变成了栋梁
军营的三年我无怨无悔
军营的三年我倍感荣光

现在，我走出了绿色军营
成了另一行业里的普通员工
军营锻造了我的坚强
军营砥砺了我的思想
在新的起跑线储备能量
在新的旅程中扬帆远航
以后的生活将更加丰富多彩
以后的人生将更加灿烂辉煌

二、献给河东优秀教师的赞歌——2016年教师节抒怀

献给河东优秀教师的赞歌——2016年教师节抒怀

金色的九月，菊花绽放、硕果飘香
美丽的河东，欢歌笑语、喜气洋洋
今天，我们迎来了又一个教师的节日

◎ 朗诵艺术探析

今天，我把河东的优秀教师深情歌唱
是你们让河东教坛更加芬芳
是你们让河东大地更加风光

你们有信念、有理想
忠诚国家的教育事业、一心向党
校园里，你们忙碌的身影连缀成靓丽的风景
课堂上，你们铿锵的话语闪耀着真理的光芒
你们倡导着社会主义核心价值观
用自己的智慧启迪学生对真善美的向往

你们两袖清风、道德高尚
是你们教导学生要像蜡烛一样，燃烧自己，把别人照亮
是你们教导学生要像春蚕一样，一生奉献，吐露清香
是你们教导学生要像雨露一样，滋润万物，茁壮成长
是你们教导学生要像阳光一样，普照大地，散发能量

你们学识扎实、培育栋梁
你们让所有的难题都变成乐趣，堪称能工巧匠
你们让莘莘学子站得更高、看得更远，给予他们巨人的肩膀
田地里，你们的学子四处奔忙，带领更多的人远离沧桑
车间里，你们的学子指挥从容，是工业战线骁勇的主将
医院里，你们的学子治病救人，让更多的家庭告别忧伤
科学实验室里，你们的学子开拓创新，让祖国更加繁荣富强
你们可谓桃李满天下、功高万年长

你们把爱心倾注教坛、千古流芳
怎能忘记，你们的一支教鞭指明人生方向
怎能忘记，你们的斑斑双鬓饱含光辉思想
怎能忘记，你们的教导教诲语重心长
怎能忘记，你们的讲解讲话慷慨激昂
怎能忘记，你们像父母一样知冷知热、温暖学生的心房

怎能忘记，你们像朋友一样坦诚坦荡、放飞学生的梦想
河东的优秀教师啊，
是你们让河东的教坛更加芬芳
是你们让美丽的河东更加风光
在这个浪漫温馨的日子
我为你们献上最深情的诗行
祝愿你们阖家幸福、欢乐吉祥
祝愿你们工作顺利、身体安康

三、六一放歌

六一放歌

六一的天空，白云朵朵
六一的大地，彩旗飘扬
六一的清晨，舞步翩翩
六一的夜晚，童心飞翔

在这个喜庆的日子里，我们把白鸽放飞
让全世界远离战争，更加文明、更加高尚
在这个沸腾的日子里，我们把理想放飞
让中国梦早日实现，更加灿烂、更加辉煌

历史不会忘记，1942年6月10日，德国法西斯践踏了一个叫利迪策的村庄
殷红的血让这一天变得悲惨而凄凉
"二战"胜利后，为了保障全世界的儿童生活顺利、健康成长
六一国际儿童节应运而生，从此，儿童们远离苦难和忧伤

今天，六一的太阳光芒耀眼、热情奔放
六一的花圃色彩斑斓、绚丽芬芳
红领巾沐浴着甘露茁壮成长

◎朗诵艺术探析

接班人踏着时代的节拍走向远方

燕子感谢春天,春天给予它飞翔的力量
花朵感谢阳光,阳光给予它开放的温床
我们感谢爷爷奶奶、爸爸妈妈和学校的师长
他们让我们幸福愉快、长成栋梁

怎能忘,我生日时爷爷给我买的新衣裳
我入睡前奶奶给我讲的《司马光砸缸》
过年时,他们给我的压岁钱、编的红灯笼
我生病时,他们眼睛里闪烁的盈盈泪光

怎能忘,爸爸在我的稀饭里加的那一勺糖
妈妈在我的书包上绣的那字一行
爸爸教导我做人一定要真诚
妈妈告诉我未来需要自己闯

怎能忘,课堂上老师们寓教于乐、语重心长
窗户前,他们批改作业、迟迟不灭的灯光
他们为了我们成长,呕心沥血、无私奉献
他们为了教育事业,蜡炬成灰、鬓染秋霜
该铭记的,我们一定不会遗忘
该懂得的,我们不能不放在心上
你听,雷声正在炸响
你看,雏鹰将要翱翔

操场上,呐喊声声、虎跃龙腾
校园里,谈笑风生、书声琅琅
教室里,聚精会神、教学相长
国旗下,抑扬顿挫、言语铿锵

我们红领巾志存高远、搏击蓝天
我们接班人扬帆远航、乘风破浪
让如诗如梦的岁月一路掌声、一路歌声
让天真灿烂的年龄倍感骄傲、倍感荣光

六一是童年的摇篮，让人思恋、让人遐想
六一是童年的故乡，让人憧憬、让人难忘
六一，我们四海举杯、普天同庆
六一，我们纵情高歌、自由欢唱

祝愿爷爷奶奶、爸爸妈妈们工作顺利、身体安康
祝愿老师们桃李满天下、功高万年长
祝愿全天下的小朋友节日快乐、心情舒畅
祝愿全世界的小朋友无忧无虑、快乐成长

四、英雄的春天

英雄的春天

都说，春天来了，百花争艳
都说，春天来了，大地回暖
但是，这个春天
百花溅泪
空气中袭来阵阵清寒

公元 2019 年 3 月 30 日 18 时许
在木里、在凉山、在四川
一场雷击大火凶恶地蔓延
689 名指战员
随即与火魔展开激战

死神挡道，他们勇往直前

◎ 朗诵艺术探析

风大火猛，他们宛如钢铁一般
烧疼了手、烧烂了腿、烧伤了脸……
他们不怕，他们有金睛火眼
他们无畏，他们有价值的底线
为了森林安全，他们上了刀山、下了火海
为了人民利益，他们的生命之花无比鲜艳
省委知道了、中央知道了、全国人民知道了……
一方有难、八方支援
援兵来了、直升机来了、军队来了……
新的春天，新的时代，没有过不去的坎！

火魔终于被打败了、被消灭了
但是，30位救火英雄却永远地合上了双眼
大地呜咽
草木悲叹
人民失去了很好的儿子
世上失去了很好的青年
父母，还在把他们的乳名叨念
妻儿，还在把他们回家的脚步期盼
战友，依然等待和他们共同碰响胜利的美酒
首长，依然希望把奖章亲自挂在他们的胸前
可是
他们在这个春天里
化作了深情的杜鹃
声声歌唱、声声呼唤
他们在这个春天里
化作了满山的野花
争奇斗艳、芳香弥漫
他们化作了七彩的云霞
绚丽在我们头顶的蓝天
他们化作了和煦的春风
温暖着我们的容颜

月有阴晴圆缺

人有离合悲欢

英雄们，你们顶天立地挺坤乾

英雄们，你们铁骨铮铮好儿男

英雄们，山河已无恙、阳光灿烂

英雄们，放心往前行，一路平安！

这个春天，百花更艳

这个春天，大地更暖

这个春天的名字就叫做

——英雄的春天

五、悠悠母校情

悠悠母校情

家乡，有座高高的山

一草一木唱着四季的歌

家乡，有条弯弯的河

一笑一颦荡着欢乐的波

故乡，有所依山傍水的母校

曾经起起伏伏、分分合合

那山、那河、那母校

让我情也寄托、梦也诉说

当我还是一名懵懂的孩童

父亲就领我结识母校的师长

他们教我捕鱼、捞虾、游泳

教我读诗、习字、弹唱

教我刨红薯、掰玉米、摘花生

黄昏时，我们在田间小路上漫步徜徉

◎朗诵艺术探析

夜晚时，我们一起数星星、望月亮
那时的一切，终生难忘

有一天，我也成了母校的学子
从此，走进人生的殿堂
殿堂里的分分秒秒、角角落落
至今仍然刻在心上
师长们谆谆教诲、言短情长
同学们和睦相处、互助互帮
教室里书声琅琅、笑声朗朗
校园里树木参天、花朵飘香
运动会上呐喊声声、虎跃龙腾
考场上聚精会神、意采飞扬
周六回家时，脚底生风，趟过河、翻过岗
周日返校时，鼓鼓囊囊的行李中饱含父母的爱和期望
……

三年的母校生活一晃而过
我们在新的征途上扬帆远航
告别师长时，我泪眼蒙眬
告别母校时，我充满遐想
此后的路有过坎坷、有过迷茫
有过平坦、有过顺畅
夜深人静时，我时常梦回母校的身旁
每逢月圆时，我时常思念母校的师长
母校给了我方向、给了我力量
母校为我插上翅膀、让我飞翔

多少年来，母校培育出一批又一批的社会栋梁
多少年来，莘莘学子拼搏在三百六十行的岗位上
母校是故乡的一颗明珠，放射出耀眼的光芒
母校是故乡的一朵仙葩，散发出神奇的清香

今天，历经沧桑的母校焕发出新生
五星红旗在校园里高高飘扬
教学楼巍然屹立、英姿飒爽
图书室里近万本图书蕴含着学子的能量
电脑室里先进的电脑连接着时代的思想
娱乐比赛时掌声雷动、歌声嘹亮
演讲活动中抑扬顿挫、话语铿锵
教师们爱岗敬业、乐于奉献，寄情美丽的故乡
学友们好好学习、天天向上，放飞高远的梦想
教学改革循序渐进、一路阳光
教学成果出类拔萃、凯歌高唱

母校啊母校，你是我人生的殿堂
让我动情、使我难忘
母校啊母校，你是我生命的灯
给我方向、照我飞翔

家乡，有座高高的山
一草一木在四季中尽情地歌唱
家乡，有条弯弯的河
一笑一颦在岁月里荡着欢乐的波浪
故乡，有所依山傍水的母校
几多分合、几多沧桑
祝愿母校的一切更加绚丽更加芬芳
祝愿母校的明朝更加灿烂更加辉煌

六、感谢

感谢

鲜花感谢雨露，
因为雨露滋润它茁壮成长。

◎ 朗诵艺术探析

　　雄鹰感谢天空，
　　因为天空托起它自由翱翔。

　　高山感谢大地，
　　因为大地有支撑它的伟大力量。

　　我们感谢父母，
　　是他们给了我们生命。
　　我们感谢老师，
　　是他们让我们不再懵懂。
　　我们感谢朋友，
　　是他们陪伴我们漫步人生。

　　感谢痛苦，
　　是它让我们的性格更加坚强。
　　感谢挫折，
　　是它让我们的心胸更加开朗。
　　感谢迷惘，
　　是它让我们的眼睛更加明亮。

　　感谢收获，
　　因为没有辜负我们播种。
　　感谢成熟，
　　因为我们的生活增添了风景。
　　感谢成功，
　　因为我们兑现了美丽的梦。

　　感谢帮助过我们的人，
　　因为我们懂得了友情。
　　感谢鼓励过我们的人，
　　因为我们懂得了真诚。
　　感谢伤害过我们的人，

因为我们懂得了宽容。

感谢生活中有你,
你可能是一种希望!
感谢生活中有你,
你可能是一种力量!
感谢生活中有你,
你可能是一处辉煌!
感谢有你,
你是一曲音乐缭绕我的耳旁。
感谢有你,
你是一坛老酒缠绵我的心房。
感谢有你,
你是一首诗歌注解我的思想。

感谢有你,
你是一弯月亮,伴我思故乡。
感谢有你,
你是一缕春风,温暖我脸庞。
感谢有你,
你是一片彩霞,红颜照夕阳。

感谢有你,
你是一轮朝阳溢彩流光!
感谢有你,
你是一园花圃鲜艳芬芳!
感谢有你,
你是一汪海洋波涛万丈!

感谢是一种素质、一种温情!
感谢是一种精神、一种能量!
感谢是一种幸福、一种健康!

◎ 朗诵艺术探析

感谢生活中的点点滴滴！
感谢生活中的林林总总！
感谢生活中的洒洒洋洋！

七、八一，在军旗下放歌

八一，在军旗下放歌

92年前，南昌城墙的炮火写下壮丽的诗篇
92年前，秋收起义的红旗飘动永久的热恋
今天，我们又迎来了一个闪亮的日子——八一
今天，我们伫立在军旗下思潮翻滚、浮想联翩

那是一个阴暗的时代，大地呜咽、天空暗淡
那是一段坎坷的岁月，山河破碎、国运凄惨
于是，一群人醒了过来，风华正茂、指点江山
于是，这群人带领人民用枪杆子争取政权

抛头颅、洒热血，前赴后继
御外辱、灭内敌，勇往直前
人民的卓越贡献彪炳史册
人民军队的丰功伟绩代代相传
井冈山的翠竹扬起迷人的笑颜
瑞金会议上的掌声响彻云天
两万五千里长征
深一脚浅一脚每一脚都向死神宣战
延河水宝塔山每一处都是风光无限

平型关大捷打出了民族的自豪感
百团大战让日本鬼子闻风丧胆
正义的力量永远不可战胜
人民的军队永远让人赞叹

三大战役把乾坤扭转
百万雄师把国民党反对派赶到台湾
1949年，地覆天翻
开国大典的气势恰如海潮一般

历史总是在曲折中前进
年轻的共和国也要经历磨难
鸭绿江边的战火岂能坐视不管
志愿军凯旋，打得美军狼狈不堪

人民军队用行动诠释了国魂军魂
军民的鱼水深情比天空更阔远
九八抗洪证实了这一点
汶川救灾也证实了这一点

今天，强军梦在天地间展翅高飞
人民军队茁壮成长、宏图大展
犯我中华者虽远必诛
维护世界和平是人民心中最美的画卷

此刻，我禁不住要赞美我们的北斗导航
我们的歼20、运20、预警机、东风导弹
我们的驱逐舰、核潜艇，还有航空母舰
这些，都把现代化的军事强国有力彰显

此刻，我禁不住要展望未来
我们的祖国必定更加辉煌、更加灿烂
我们的军队必定更加强大、更加健全
我们的人民必定更加幸福、更加平安

◎ 朗诵艺术探析

九、党旗飘扬，我梦飞翔！

党旗飘扬，我梦飞翔！

怎能忘记，那些岁月星光暗淡、凄凉悲惨
怎能忘记，那段路途沟壑纵横、举步维艰
怎能忘记，我们的祖辈曾经遭到那些不平等条约的压迫霸占
怎能忘记，我们的祖国母亲曾经衣衫褴褛、泪水涟涟

直到有一天
一只红船从南湖驶来，破浪扬帆
这只红船击水中流、指点江山
这只红船载着梦想，书写伟大的诗篇
这只红船向着未来，驶向胜利的彼岸

这一路，党旗飘扬、战绩斐然
这一路，党旗飘扬，宏图大展
这一路，革命之花芬芳绚烂
这一路，建设之树耸入云天

南昌起义、秋收起义、广州起义惊天动地
井冈山会师，星星之火，可以燎原
爬雪山、过草地，山丹丹开花红艳艳
枣园的灯光延河的水，革命力量大发展

日本鬼子投降了！一溃万里、狼狈不堪
钟山风雨、天翻地覆、换了人间
1949年，中国人民从此站起来了
睡狮惊醒、巨龙腾飞，乾坤扭转

1978年，春天的故事由此开篇

改革开放的英明决策让祖国的山河变新颜
高楼大厦、市场经济、董事长、经纪人……应有尽有
中国人民富起来了，走在世界的大街上，红光满面

新时代，中国梦放飞在天地之间
不忘初心，牢记使命，撸起袖子加油干
中国人民强起来了，两个一百年的画卷更加烂漫
中华民族的伟大复兴就在前面

党旗飘扬，我梦飞翔
作为社会主义事业的接班人，我一定勤奋登攀
党旗飘扬，我梦飞翔
作为未来的建设者，我一定好好学习，刻苦攻关
我是一朵小花
开在祖国的大花园
当春天来临时
我一定散发清香、吐蕊争艳

我是一棵小树
长在大地母亲的臂弯
当我成为栋梁时
我一定拿云参天

我是一名学生
生活在美丽的校园
我有渴求知识的眼睛
园丁们春风化雨滋润我的心田

我是家庭的一员
每天快乐地向前
我有我的权利和义务
将来，让亲人们幸福到永远

◎ 朗诵艺术探析

　　我是一名社会公民
　　沐浴在社会主义的大家园
　　我必须有我的责任和担当
　　为祖国多做贡献

　　我有我的梦想
　　和中国梦一样伟大而平凡
　　当我的梦想变成现实
　　我一定阔步明天

　　假如我是一名老师
　　我一定兢兢业业、孜孜不倦
　　让莘莘学子站在我的肩上
　　让他们越飞越远、收获非凡

　　假如我是一名医生
　　我一定救死扶伤、爱弱敬残
　　让人间减少病痛的折磨
　　让世上增多灿烂的笑脸

　　假如我是一名工人
　　我一定站好岗、值好班
　　让流水线更加顺畅
　　让产品更好地运往四方八面

　　假如我是一名农民工
　　我一定默默无闻、辛勤奉献
　　让祖国的桥梁更加稳固
　　让百姓的楼房更加美观

　　假如我是一名消防战士
　　我一定赴汤蹈火、勇往直前

让生命财产少一份破坏
让人民生活多一份平安

假如我是一名军人
我一定保家卫国、英勇善战
让敌对分子得到惩罚
让和平之花越开越艳

假如我是一名工程师
我一定潜心探究、努力钻研
让技术更加成熟、更加精湛
让工业强国的目标早日实现

假如我是一名科学家
我一定披荆斩棘、攻坚克难
让人类的征服力量越来越强
让宇宙的未来之路越走越宽

假如，假如……无论我从事任何职业
都会献上赤子情怀、爱心一片
让我的人生别有滋味、充实丰满
让祖国母亲的歌声更亮、笑声更甜

党旗飘扬！一百年的风雨路辉煌灿烂
党旗飘扬！下一个百年蓝图更加五彩斑斓
强国有我！让我们身体力行、不负韶华

强国有我！让我们的梦想尽情飞翔，共同迎接更加美好的明天
更加——美好的——明——天

◎朗诵艺术探析

十、六月，写给高三毕业学子的歌

六月，写给高三毕业学子的歌

六月，骄阳似火，荷花绽放
六月，酷暑炎炎，麦子泛黄
六月，是个收获的季节，到处充满着希望
六月，是个离别的季节，毕业的学子将要走向远方

孩子们，坚强地走吧
不要在歧路迟疑和彷徨
孩子们，自信地走吧
走出属于你们自己的灿烂和辉煌

相聚总是这样短暂
分别总是那样漫长
弹指间，几年已经逝去
在这个时刻，我为你们打好行囊

张思颖同学，你还记得吗
三年前，第一次找教室，你走错了地方
是来得太仓促还是心情太激动
不论是什么我都能理解你脸上的慌张

李文琦同学，你还记得吗
那一次足球比赛，你骨折受了伤
全班同学去医院看你
你镇定从容的表情让大家永远难忘

王佳敏同学，你还记得吗
那一次你生病在床

是赵春倩同学每天给你补习功课
你感动得热泪盈眶

孙晓琳同学，你还记得吗
那一道题老师讲错了方向
是你站起来为大家引路
真可谓教学相长

孩子们，怎能忘记
课堂上，你们专心致志、求知若渴的目光
操场上，你们精神抖擞、生龙活虎的模样
校园的大树下，你们抑扬顿挫、书声琅琅
弯弯曲曲的小路上，你们潇洒自然、来来往往

孩子们，怎能忘记
辩论时，你们据理力争、言语铿锵
考试时，你们聚精会神、驰骋疆场
生活中，你们和睦相处、友谊长青
学习上，你们争先恐后、互助互帮

汽笛已经拉响，
帆船就要远航
人生路上，我只能送你们一程
以后的天空，更要学会飞翔

你们的步履是那样的慢而轻
你们的手握住我紧紧不放
我回到原点
注视着你们的骄傲和荣光

去吧
去实现你们的理想

◎朗诵艺术探析

去大海里劈波斩浪
来年,我们再相聚
我们的情谊地久天长

十一、百年梦想,百年辉煌!

百年梦想,百年辉煌!

历史的车轮,曾在坎坷中蹒跚前行
岁月的歌声,曾在苦难中浅吟低唱
那一段路程,坑坑洼洼、布满泥泞
那一段日子,凄风苦雨、悲怆恓惶

直到1921年7月的一天
一只红船从南湖驶来,怀揣梦想
这只红船人才荟萃、指点江山
这只红船乘风破浪、铸造辉煌

南昌城墙的炮火,隆隆作响,谱出壮美的华章
秋收镰刀的舞蹈,英姿飒爽,写下潇洒的诗行
广州的枪声,划破夜空,惊动天上的月亮
枪杆子里面出政权,共产党领导人民扬帆远航

井冈山会师,革命力量日益壮大,那飘扬的红旗多么鲜红
星星之火可以燎原,是一个光辉的思想
遵义会议上的掌声,亮明正确方向
爬雪山、过草地,奏响军事史上空前的乐章

茫茫大海的航行,要靠舵手的驾驶
枣园的灯光一夜更比一夜亮
抗日的热潮一浪更比一浪高
日本鬼子投降了,败回东洋

多行不义必自毙
风雨下钟山，地覆天翻慨而慷
1949年，换了人间
中国人民从此站起来了，睡狮猛醒、龙腾东方

1978年，改革开放的春潮在四方涌动
到处是百花齐放、百鸟歌唱
中国特色社会主义的旗帜高高飘扬
中华儿女的心窗更加宽敞明亮

在希望的田野上，年轻的小伙儿四处奔忙
在轰隆的机器旁，漂亮的姑娘值班守岗
天地间，座座高楼大厦拔地而起
春风里，各行各业都沐浴着和煦的阳光

董事长、经纪人、股票……这些词语在春天里蓬勃绽放
市场经济、转型发展、科技创新……这些理念在大地上四处高扬
老百姓的菜篮子里，内容更加丰富
大街小巷、人来人往，醉人的笑容洋溢在脸上

新时代，新机遇，新挑战
实现中华民族伟大复兴的梦想深入人民的心房
不忘初心，牢记使命，继续前进
两个一百年的蓝图更加溢彩流光

构建人类命运共同体顺应历史的潮流
"一带一路"团结了更多的睦邻友邦
国民生产总值名列世界前茅
全球第二大经济体彰显中国力量

中国高铁，惊人的速度举世闻名
北斗组网，为人类进行更好的导航

蛟龙探海，搏击深广的大洋
嫦娥问月，遨游传说中的天堂

一百年的风雨，一百年的抗争
一百年的跋涉，一百年的沧桑
忆往昔，心潮澎湃，浪逐天高
看今朝，国富民强，幸福安康

百年梦想，百年辉煌
百年梦圆，百年荣光
展望明天，龙的子孙更加昂首阔步，更加神采飞扬
在下一个百年征途上去拥抱更加灿烂的太阳

十二、祖国，我想对你说……

祖国，我想对你说……

祖国，我想对你说
五千年来，你笑看花开花谢、风狂雨落
九百六十万平方公里的土地上，你物产富饶、疆域辽阔
五十六个民族，花开朵朵、鲜艳婀娜
十四亿中华儿女，精神抖擞、勤劳洒脱

祖国，我想对你说
盘古开天地，在世上留下美丽的仙歌
神农尝百草，让人间减少病痛的折磨
尧帝禅让，这段佳话彪炳史册

大禹治水，这个故事我说了还想说
祖国，我想对你说
百花齐放、百家争鸣的万千气象何等生机勃勃
秦时明月汉时关的壮美景色多么动人心魄

三顾茅庐、祖逖北伐、瓦岗英雄……这般人事灿若星河
唐宗宋祖、成吉思汗、康乾大帝……绝代枭雄安邦定国

祖国，我想对你说
我爱你三山五岳的高大巍峨
我爱你九江八河的气势磅礴
我爱你中秋佳节如水的月色
我爱你阳春三月飘香的花朵

祖国，我想对你说
我爱你孔孟、老庄、九流十家的纵横捭阖
我爱你诗经、楚辞、鸿篇巨著的可泣可歌
我爱你光焰万丈长的李杜被誉为双子星座
我爱你四大名著在世界文学宝库中熠熠闪烁

祖国，我想对你说
高山流水，知音难得
欧柳颜赵，笔走龙蛇
历届春晚中，我听到你笑声的欢乐
影视歌坛上，我看到你走向蓬勃

祖国，我想对你说
你是广阔的大海，我就是浪花一朵
你是浩瀚的夜空，我就是星星一颗
我离不开你，在你的沃土上我把幸福收获
我怎能离开你，在你的怀抱里我愉快地生活

祖国，我想对你说
你饱受沧桑、你历尽坎坷
你也有磨难苦涩、你也有天灾人祸
但是，这一切就像毛发一样在身上静静滑落
这一切就像泥丸一般在脚边轻轻滚过

◎朗诵艺术探析

祖国，我想对你说
新的时代，新的长河
神州儿女凝心聚力为你掌舵
新的征途，地平天阔
中华故园春风浩荡杨柳婆娑

祖国，我想对你说
开国大典，波澜壮阔
改革开放，英明决策
放飞的中国梦，翱翔天河
站起来了、富起来了、强起来了
我为你欢欣鼓舞、高唱凯歌
高——唱——凯——歌

十三、党旗下的英雄

党旗下的英雄

有一首歌
总在我的耳畔阵阵回响
那就是《没有共产党，就没有新中国！》
此时此刻，这首歌依然在我的心窝久久激荡

党，是一位慈爱的母亲
她用甘甜的乳汁哺育着我们，朴实无华、美丽善良

扶我们学走路，教我们学文化
呵护我们好好生活、幸福成长

党的儿女遍布天下
其中，无数的英雄值得我们永远学习、永远歌唱
这些英雄名垂青史、光照千秋

每当提起他们，我就热泪盈眶

寒风刺骨，大雪飘飞
长征路上，那位不知名的军需处长
把自己的棉衣送给战友
他，却永远地留在了那个没有翻过的山冈

"大扫荡"开始了
王二小为八路军放哨站岗
把日本鬼子带进我们的包围圈，自己却牺牲了
他的鲜血染红了那天的太阳

一位叫邓玉芬的母亲
把丈夫和五个孩子全部送上抗日战场
他们，都为国捐躯了
这就是革命高于天的伟大理想

火，还在无情地烧
邱少云一动不动，坚强如钢
这就是纪律，就是意志与死神的较量
他走了，走得是那样的安详
他，一颗普通的螺丝钉
却是我们学习的好榜样
雷锋精神，永不褪色
你看，像他一样的英雄站满我们的身旁

"两弹一星"元勋程开甲
放弃国外的优越条件，毅然决然回到祖国母亲身旁
隐姓埋名40年，兢兢业业、默默无闻
穷尽一生，为我们的核盾贡献力量

任长霞，人民的好局长

◎ 朗诵艺术探析

捍卫正义，屹立在公安战线上
廉洁奉公、两袖清风
让金色盾牌更加溢彩流光

"天眼之父"南仁东
为了国家的天文事业，勇于改革，敢于担当
他，淡泊名利，攻坚克难，精益求精
他的名字永垂不朽、熠熠闪光

瘟疫爆发、新冠肆虐
八十一岁的钟南山临危受命、奔赴战场
和他一样的英雄们不忘初心、舍生忘死
为共和国筑起一道道铁壁铜墙

还有毛相林、祁发宝、郑培民、牛玉儒
还有吴孟超、张桂梅、李玉、陈红军等等等等
这些英雄，都是在党旗下成长起来的
他们很普通、很平凡，但是很伟大、很荣光

我们，向他们敬礼
表达我们由衷的感激和深情的敬仰
我们，向他们学习
共同托起中华民族伟大复兴的梦想
党旗，你是那么鲜红
永远在人民的头顶高高飘扬
英雄，你们是那么美丽
永远活在我们的心房

没有共产党，就没有新中国
这是历史的回答，在新时代更加铿锵
我们一定要记住这个颠扑不破的真理
在新征途上昂首阔步、扬帆远航

- 126 -

生在春风里，长在党旗下
我们一定要好好工作、奋发向上
为我们的党、我们的国家奉献一切
让明天变得更加灿烂、更加辉煌
更加灿烂、更加辉煌

十四、三月，献给巾帼英雄的赞歌！

三月，献给巾帼英雄的赞歌！

送走残冬，我们站在春天的面前
迎来三月，我们的心情格外舒展
因为，在这个草长莺飞的季节里
有一个璀璨的日子——三八妇女节
今天，我们要为巾帼英雄尽情歌赞

自古须眉多威武，巾帼也顶半边天
我们的母亲，就是一道亮丽的风景线
躺在她的怀里，我们是她命中的一只乳燕
站在她的身边，我们是她人生的一艘航船

无论风雨交加，还是阳光灿烂，她都是我们的一座坚强靠山
无论夕阳近山，还是彩霞满天，她都是我们的一个美丽挂牵

杏坛上的巾帼英雄举不胜举、不计其数
甘当"孩子王"，把一只只小鸟放飞蓝天
勇作"铺路石"，让一个个足印镌刻地面
三尺讲台、一杆教鞭，指点人生几万里
两鬓斑白、一支粉笔，谱写华章多少篇
白天的讲解言短情长、饱含哲理
夜晚的窗前灯光闪闪、笔笔生艳
她们，擎起祖国的未来、民族的明天

◎ 朗诵艺术探析

　　她们，让科技的大厦更稳固、让知识的薪火永相传

　　白衣天使中，巾帼英雄也是频频出现
　　抗疫的前线，有匆匆的步履、难眠的双眼
　　患者的床前，有细腻的诊断、温馨的语言
　　为了研究疫苗，夜以继日，与病菌鏖战
　　为了注射疫苗，披星戴月，与时间争先

　　军旅中，一个个巾帼英雄也值得我们深深称赞
　　为了建设国防，隐姓埋名、走进深山
　　为了保家卫国，潜心研究、勇克难关
　　为了深爱的土地，她们爬冰卧雪、勤学苦练
　　为了美好的河山，她们吃苦受累、孜孜不倦

　　政府常务会上，她们运筹帷幄、掌声一片
　　妇联办公室里，她们指挥若定、侃侃而谈
　　田野上，她们汗流浃背，描绘希望的画卷
　　车间里，她们飞针走线，织出最美的绸缎
　　曾记否，冻僵的双手扫净满街的落叶
　　曾记否，热情的服务永驻顾客的心田
　　忘不了，她们娴熟的车技给乘客送去平安
　　忘不了，她们的导游让旅客感到别有洞天
　　脱贫攻坚，她们冲在前面
　　家庭建设，她们勇挑重担
　　女将军陈薇院士，是一名优秀的共产党员
　　从抗击非典到援非抗埃再到武汉抗疫
　　她与病魔整整战斗了29年
　　把生命交给了大地，把青春奉献给人间
　　她研究的疫苗，成效卓著、世界领先
　　让无数患者摆脱病痛的折磨
　　让朗朗笑声重回患者的家园
　　她说："最艰难的成功，不是超越别人，而是超越自己。"

她说，我们的疫苗普惠众生、走出国门，是我们大国担当的体现！

最美乡村女教师支月英
19岁毕业就选择了教鞭、选择了清寒
从"支姐姐"变成"支妈妈"，一晃就是36年
她跋涉了许多路，总是围绕着大山
她吃了许多苦，但给孩子们的都是甜
岁月花白了她的麻花辫
硕果绚烂了她矢志不移的信念
扎根乡村、甘当人梯
投身教育、勇往直前

英雄航天员王亚平
17岁高考那年，就与飞行、蓝天结下了不解之缘
考入空军飞行学院的第一天，便开始高强度的训练
汗水、泪水，静静地流淌，她总是顽强地咬紧牙关
她深深地知道，没有苦中苦，哪有甜中甜
2013年，她终于成功入选神舟十号航天员
在太空，除了日常工作以外，她还担任授课教师
为中小学生讲解物体失重时的特点
成为世界上第二个在太空授课的航天员
2021年11月7日，神舟十三号进行出舱活动
她行走太空，成为中国首位出舱活动的女航天员

板岭村的妇女主任郑彩娥
是一名普通的村官
可是，她却一心想着父老乡亲的苦辣酸甜
邻里纠纷、婆媳矛盾、夫妻不和等等琐事
她都能动之以情、晓之以理
让问题得到解决，让百姓感到温暖
她担待的委屈很多很多
却依然不忘初心、心底坦然

◎朗诵艺术探析

她说，为人民服务就必须包容、必须友善
这样，干群关系和谐了
板岭村获得更快的发展

一枝独秀不是春，百花齐放春满园
新时代的巾帼英雄歌不尽、赞不完
在这个姹紫嫣红、风清气正的春天
让我们为天下所有的妇女朋友献上最真诚的祝愿
身体健康、万事如意、生活幸福、快乐天天

十五、河东之恋

河东之恋

在我灵魂的深处，有一个朝思暮想的地方
在黄河拐弯的地带，有一个钟灵毓秀的地方
那就是河——东，那就是中国运城
那就是生我、养我，让我自豪、让我热恋的家乡

中华五千年文明从这里摇曳而来
中华五千年文明从这里起源发祥
这里，历史悠久、文化灿烂
这里，人杰地灵、源远流长

女娲补天，给我们留下了多少奇思妙想
嫘祖养蚕，让后人穿上美丽的丝绸衣裳
历山脚下，舜帝耕种的身影那么健壮
他的德孝风范享誉全球、令人敬仰
黄河岸边，大禹治水，三过家门而不入
他的敬业精神彪炳史册、熠熠生光
后稷稼穑，开启农耕文明
猗顿经商，享有崇高声望

附录　杨云宏的原创作品 ◎

世纪曙猿的出土，改写了历史
——证明人类最早出现在东方
西侯度的遗址，证实人类开始用火
——使他们增强了征服自然的力量
运城盐湖，微波荡漾，所产之盐丰富提高了人类的生活质量
涿鹿之战，杀声震天，黄帝战蚩尤的故事在四方传唱

多少年过去了，夏启建立的第一个奴隶制国家依然在史书里深藏
多少年过去了，晋文公称霸的过程依然在老百姓的口中讲了又讲
大火烧山，烧不掉介子推对君王的深挚恩情、满腔忠诚
宫刑残酷，摧不垮司马迁对《史记》的信念执着、意志坚强
武圣关羽，忠义仁勇，步入九州大地的神坛
大儒王通，博学多识，对中唐文化产生很大影响
白袍将军薛仁贵，武艺超群，英雄气概千秋重
绝代贵妃杨玉环，天生丽质，艺术才华万古扬
史学巨擘司马光，他的《资治通鉴》何其厚重
维新君子杨深秀，他的慷慨就义多么悲壮

"南风之薰兮，可以解吾民之愠兮
南风之时兮，可以阜吾民之财兮"
这首千古绝唱，让人思潮澎湃、神怡心旷
"硕鼠硕鼠，无食我黍！三岁贯汝，莫我肯顾。逝将去汝，适彼乐土。"
这些平仄诗句，让人回味无穷、神采飞扬
《劝学篇》充满哲理，启迪后人
《秋风辞》情景交融，千古流芳
"落霞与孤鹜齐飞，秋水共长天一色"
你看，美丽的画面富有意境、雅俗共赏
"欲穷千里目，更上一层楼"
你听，这样的声音洪钟大吕、久久绕梁
"独在异乡为异客，每逢佳节倍思亲。"
写出了人之常情，乡愁缕缕满心房
"孤舟蓑笠翁，独钓寒江雪。"

- 131 -

◎朗诵艺术探析

写出了孤高品格，傲骨铮铮落地响
《窦娥冤》感天动地，一曲戏文传千古
《西厢记》美妙绝伦，有情之人胜鸳鸯

后土祠，建筑宏伟、气势壮观、名扬海内
舜帝陵，柏树林立、郁郁葱葱、古色古香
关帝庙，庄严肃穆、凝重古朴、魅力无穷
永乐宫，壁画超绝、色泽考究、典雅辉煌
李家大院里，慈善之风笃厚，爱抚游人的心灵
五老峰上，群山竞秀，飞瀑流泉，浸润旅客的思想

稷山的板枣，脆甜可口、营养丰富
夏县的柿饼，筋道甘美、赛过蜜糖
绛县的维之王，开胃养胃、品种繁多
万荣的苹果，远近畅销、跨洲越洋
永济的饺子，酥香鲜嫩、闻名遐迩
解州的羊肉泡，吃上一口，美太太，嘴角留香

我的故乡，历史悠久、人杰地灵、物产丰富
美丽河东，让我自豪、让我思恋、让我难忘
我的诗歌，永远为她赞美、为她歌唱
可惜，我的诗歌，只能挂一漏万，只能写到她的一点点地方
朋友们，真诚地欢迎你们来我的家乡做客
让我做一个不称职的导游，带着你们用脚步把河东大地丈量
我相信，你们的收获一定很多，很多
我相信，你们一定比我更爱河东，更爱我的家乡

主要参考书目

[1] 张颂 . 中国播音学 [M]. 北京：中国传媒大学出版社，2003.

[2] 张颂 . 朗读学 [M].3 版 . 北京：中国传媒大学出版社，2012.

[3] 李红岩 . 诗歌朗诵技巧 [M]. 修订版 . 北京：中国广播电视出版社，2012.

[4] 赵兵 . 王群 . 朗诵艺术教程 [M]. 上海：文汇出版社，2022.

[5] 李俊文 . 播音主持艺考朗诵教程 [M].2 版 . 北京：中国传媒大学出版社，2020.

[6] 谢伦浩 . 播音主持自备稿件朗诵 [M].2 版 . 北京：中国传媒大学出版社，2020.

[7] 张洁，霍焜白 . 朗诵指导与作品精选 [M]. 北京：中国传媒大学出版社，2011.

[8] 王静 . 美丽中国朗诵诗文辑 [M]. 北京：中国广播影视出版社，2017.

[9] 公木 . 新诗鉴赏辞典 [M]. 上海：上海辞书出版社，1991.

[10] 萧涤非 . 唐诗鉴赏辞典 [M]. 上海：上海辞书出版社，1983.

[11] 夏承焘 . 宋词鉴赏辞典 [M]. 上海：上海辞书出版社，2013.